まわりにいっぱい奇跡が起こる本

Everyday Miracles
— The inner art of manifestation —

デイビッド・シュパングラー
高橋裕子訳

日本教文社

EVERYDAY MIRACLES

わたしに心の技術を手ほどきしてくれた…
いやその前に、まずこのわたしを実現化（！）してくれた
父と母に本書を捧げる

謝　辞

本書の実現化には多くの人々が貢献してくれた。その全員に深い感謝と愛を送る。彼らの助けと支えがあったからこそ、わたしはよりよい書き手、教え手となることができた。

特に、著述家にとってまことに得難い人材であるふたりの優秀な編集者、トニ・バーバンクとジャン・ジョンソンにお礼を言いたい。この本に対する彼女たちの信頼と熱意は、その専門的な助力とともに心からの喜びをもたらしてくれた。いっしょに仕事ができて光栄である。

出版エージェントのネッド・リービットも本当によくわたしを支え、助けてくれた。そもそも、最初にこのプロジェクトを始動させてくれたのも彼だ。ありがとう、ネッド！

銃後の守りではないが、家庭では文字どおり、妻のジュリーの援助と助言なしには、また子供たち全員が協力して仕事のできる環境を作ってくれなければ、この本はできなかった。ジョン＝マイケル、エイダン、ケイトリン、マーリン、わたしが静かにしてほしいときはそうしてくれて、行き詰まったときには遊んでくれてありがとう！　これ以上の家族は望めない。君たちみんながわたしにとって最高の実現化だ！

ジョンとキータ・カトラー夫妻、そしてヘブロン・カトラーは実現化を探究する旅の道連れになってくれた。支えと洞察をありがとう。あなたがたも本書が生まれるために不可欠の存在だった。

長年にわたってこの本をぜひ書くようにと励ましつづけてくれた、親しい友人のウィリアム・アーウィン・トンプソンにも感謝したい。題名をありがとう、ボブ！　そしてジョンとケイトリン、ボブとジョージー、ウィリアムとサブリナ、アレン、執筆中のさまざまな段階で原稿に感想と意見をありがとう。それぞれが貴重なインスピレーションを与えてくれた。また、キャロライン・ミスにも感謝しよう。癒しの過程に関する彼女の洞察はわたし自身の実現化への洞察に匹敵し、それをさらに拡大してくれた。

そして最後に、いちばん大事なことだが、これまでインターネットを介し、あるいは対面で、わたしの霊性と実現化についての講座やワークショップに参加してくださったすべての人々に感謝する。本書の真の出発点はあなたがたである。それぞれが、みずから実験台になってすべての材料を試し、この本の初期のさまざまな形態を批評してくれた。いくら感謝しても足りないほどである。あなたがたの実現化の体験談が、いまもわたしを導いてくれているのだ！

まわりにいっぱい奇跡が起こる本●目次

＊〔　〕は訳註を示した。

カバー装画……鯰江光二

はじめに　実現化とはなにか？

そもそも実現化とはなにか？　まず手はじめに、わたし自身の人生から例をあげてみたい。わたしは長年「ロリアン協会」という非営利団体の理事をつとめていた。ゆるやかな組織で、合衆国とカナダの各地に居住し働いている講師や芸術家たちを会員とし、年次総会と手紙と電話でたがいに連絡を取り合っていた。一九八〇年に会員の多くがウィスコンシン州マディソンに集結し、中心的なプログラムを作ろうという話になった。会員のキャサリンとロジャー・コリス夫妻が郊外にたいへん大きな農家を借りてくれたので、その一階部分をオフィスといくつかの教室に改装し、二階を居住スペースとした。同時に小さな出版社も設立した。最初はなにもかもうまくいった。講座を担当するスタッフたちは他の場所でもワークショップや教室をひらき、それで各自の収入の大半をまかなっていた。しかし、マディソンでの仕事が増えるにしたがって、もっと広い複数のオフィス空間と教室が必要になることが目に見えてきた。またスタッフの一部はいずれ各地に出かけるのをやめ、フルタイムでロリアンの講師をつとめることになるだろう。つまり給与を払う必要がでてくる。受講生は増えてはいたが、そのような方向へ進むにはまだ資金が不十分だった。

この時点で、われわれは実現化という心の技術を実践しようと決めた。必要なものをまかなえるだけの予算を立て、毎週わたしと二、三人の理事が早朝に集まって朝食と瞑想をともにした。その予算にもとづいてわれわれのニーズを視覚的にイメージし、実現化したいロリアンの新しいパターンにエネルギーを同調させようとしたのだ。

これをひと月ちょっと続けたところ、突然ある男性から長距離電話が入った。わたしの著書を読んだが、ぜひお目にかかりたいという。そこで時間を都合してマディソンに来てもらった。到着後、二時間ほどおしゃべりしたところで先方は本題に入った。彼はビジネスマンとして成功しながらスピリチュアルな事柄にも興味をもち、自分の人生はゆたかさに恵まれているので、この恵みを他者に分かち合いたいと願っていた。ついてはあなたのお仕事をなんらかの形でお手伝いできないだろうか? わたしはロリアンの現況と、われわれの目指していることを説明した。男性はその場でロリアンへの資金援助を申し出てくれた。二年間は予算をまるごとカバーできる金額だった。また彼は、いちばん上の娘さんがわれわれの教えているような霊的／ニューエイジ的テーマに興味をもっているので、資金援助にくわえ、彼女がマディソンに引っ越してわれわれの新しい九カ月のコースを受講する費用を負担し、さらにロリアンの新しいオフィスで働かせてくれればその給与も出す、とまで言ってくれた! それから二カ月後には資金が銀行に振り込まれ、新しいオフィスと教室ができ、彼の娘さんがスタッフとして加わっていた。われわれは、まさに実現化をみごとにやってのけたのである。

うちのランダムハウスの辞書で manifestation（実現化）の項を見ると、なにかを「視覚あるいは理解力をもって容易に認識できる、すなわち明白な、あきらかな、明瞭な、わかりやすい」ものにする行為、と定義づけている。実現化は見えないものを見えるようにする。抽象的なものを具体的に、潜在的なものを現実のものに変える。

ごくシンプルなことで、わたしたちはこれを意識的にも無意識にも毎日のようにおこなっている。頭に浮かぶ想念は、行動と言葉によってはっきりとわかりやすく示される。そうすることで自分のアイディアや気持ち、まるごとの人格さえも「実現化」しているのである。また仕事をすれば、その結果として製品やサービスを実現化することになる。

ふつうは、このような実現化を物理的な世界のごくありきたりな方法でおこなっている。つまり金銭や労働、創造性のような、おなじみの資源を使って望むものを人生にもたらしている。しかし、ときにはまるで偶然のように、自分ではなんの努力も変わったこともしていないつもりなのに、ほしいものや必要なものがただ出現する場合がある。これはもしかしたら、日常的な世界を超越したマインドやスピリットなどの資源を活用するすべを身につけた、ということかもしれない。そのような資源は結果を生むが、買うとか作るとかいう通常の形はとらないのである

ロリアンで起きたのもそういうことだった。われわれは融資を呼びかけるとか、寄付をもとめるとか、とにかく非営利団体が資金作りをするときの常套手段をひとつもとらなかった。外面的には目標達成のためにまったく何の働きかけもしていない。しかし内面的には熱心に活動していた。達成したい状況とそのために必要なもののイメージを作り、磨きあげ、育てていった。そのイメージを生活の一部として確信と愛のエネルギーを注いだ。事実上、われわれが実践したのは

まさに本書で提示するテクニックであり、それが予想以上の成果をあげたのだった。

この種の実現化はランダムハウスの定義にいちおう該当する。それまではあきらかでも明白でもなかったもの（われわれの必要としていた資金）が、そうなった。ただし、そこには単純に「視覚あるいは理解力をもって容易に認識できる」ようにする行為、という以上のなにかが起きている。辞書の記述とは違う、もっと広がりのある定義づけが必要だ。

本書の目的に照らした場合、わたしは実現化をこう定義する。〈ある人間のマインドとスピリットに含まれる内的な創造性のエネルギーと、より大きな世界のそれとのあいだに共同創造および共時性、相互サポートにもとづく関係性を形成し、そのことにより新しく望ましい状況を生じさせる技術。〉

実現化はよく別の名前で扱われている。視覚化（ビジュアライゼーション）、アファメーション（肯定的宣言文）、ポジティブ思考などと呼ばれたりもするが、それらは実際に作用している大きなプロセスの一部を指しているにすぎない、とわたしは考える。ある種の祈りとか、クリエイティブ・イマジネーションと定義されることもある。どんな名前であれ、だいたいそれは超自然的、神秘主義的、あるいは魔術的プロセスであって、ほしいものや必要なものを自分にもたらしてくれる方法と見なされている。ふつうの方法がすでに失敗したか、やってもうまくいきそうにないか、その状況には使えない、という場合の非常手段である。

実現化は予測できず、思いがけず、ときには奇跡的ともいえる形で作用するようだ。それは混雑したダウンタウンでおあつらえ向きの駐車スペースが見つかる程度のことから、収入のあてがないとき支払い額にちょうど足りるだけのお金を寄付されることまで、広範囲にわたる。あるいは偶然、自分にぴったりの仕事が見つかるとか、恋に落ちるのにぴったりの相手に出会うことかもしれない。実現化の匂いがするのは、偶然のように感じるときだ。自分自身の努力や資源など、あきらかな力量を超えたところで共時性によって起きる出来事だが、ちゃんと必要なもの、ほしかったものを与えてくれる。そこには幸運、あるいは魔法の匂いがする。奇跡のように思える。

友人のひとり、デイビッドはこんな体験を語っている。「ぼくは大学時代、もう中退してしまおう、そして特定の意図をもつ共同体とそこに惹きつけられる人々について、自分で本を書こうと決心した。ただ執筆経験は乏しく経済力も限られていたから、どうやって本を出すのか不安もあったんだが、とにかく全力を注ぐ覚悟だった。で、十日間のヨガ研修に参加して、心の整理をすることにした。

研修初日の晩はすごく苦しかったよ。自分の内側で『さあ、この十日間で答えを出すんだぞ』という気持ちと『もう手放して、神の意志にまかせようじゃないか。本当にすべきことなら、道はおのずから開けるはずだ』という気持ちが戦っていたんだ。眠れぬ一夜をすごしたあと、まだ心は大荒れのまま早朝瞑想に参加して、やっと『運を天にまかせよう』と決心がついた。本当にすっかり全面的にゆだねてしまったら、ずっしりとのしかかっていた重荷を下ろした感じで心底ほっとした！

二時間ほどして、朝食をとりに駐車場を抜けていく途中、ひとりの紳士が車にもたれて笑顔で手招きしているのを見つけた。彼はフリーライターで、ヨガ研修の参加者から体験談を聞いて記事にするために来ているのだが、よかったら朝食を抜いて話を聞かせてくれないか、という。ぼくはオーケーした。近くの林までぶらぶら歩きながら、どういう経緯で研修に参加することになったのか、どんな体験をしているか、などを質問された。ぼくはオルタナティブ・コミュニティ〔既存の共同体とは違う価値観にもとづく新しい共同体〕に興味があって、それをテーマに本を書きたいのだと打ち明けた。

林に着くころ、彼はこんなことを言いだした。『じつは、うちは夫婦とも物書きなんですよ。予備の寝室つきのコテージを賃貸にしていて、タイプライターの予備もあるし、よかったらうちにしばらく滞在しませんか。わたしは大手の雑誌に書いた記事を何冊か本にしています。NBCで働いたこともある。出版の流通はよく知っているから力になれますよ。あと、金の心配はしなくていい、いっしょに考えましょう』ぼくは茫然としてしまった！　ほんの数時間前に自分の意図を天に、スピリットにゆだねたばかりだというのに、もう銀の皿にのっけたみたいに『はい、どうぞ』と答えが差し出されているんだ！　実現化ってまさにこれだね！」

本書ではこの心の技術がどういうものか、人生にどう活用していけるかを探っていく。わたしは実現化の根底にあり、それを支えていると思われる哲学的・科学的・霊的な原理と考え方を紹介する。また、そのプロセスの各部分をわかりやすく示した実現化のプロジェクトを通じて、あなたの具体的作業をステップごとに指導しよう。

最初に念のため警告しておくが、この心の技術にはふたつの側面がある。ひとつは獲得というレベル。どうやら「実現化」というと大半の人が思い浮かべるらしい、自分のほしいものを手に入れるというレベルだ。実際的で、より世俗的な側面といえる。

ふたつめのレベルは霊的な側面で、こちらはわれわれにある種の要求をつきつける。つまり実現化とは、本当はハンマーのような道具でもなければ、特定の筋肉群を鍛えるための運動メニューのようなテクニックでもない。あなたが本書を通じて扱い方を学んでいくもろもろの力は、あなたという存在の基本構造に織り込まれた力であり、世界のあらゆる存在の本質にもおなじ力が織り込まれている。それはすべてのものに形態を与え存在させている、深遠な創造性のエネルギーだ。したがって、このレベルでは実現化とは創造の技術になる。これもまた非常に実際的なレベルだが、たんになにかを獲得する方法というよりもっと深い変容をうながすものだ。

わたしが実現化を教えるときは、どちらのレベルも肯定する。調和した形で自分の世界を形づくる技術も指導したいが、同時に、森羅万象の内なるもっとも深遠なエネルギーと自分を同調させる、霊的な営みとしての実現化も教えたい。

実現化の原理をもちいるには、表面的イメージにとどまらず、自分とは、現実とはこんなものだという思い込みの根底に横たわる、暗くあたたかく肥沃な場所にメスをいれることが要求される。自分自身を探究し、奥深くにある思考と感情を探究することで、いったいどんな人間をなぜ実現化しようとしているのかが、すこしずつ見えてくる。そしてわれわれは、植物の種子にはたらきかけ隠された滋養の場から光のもとへ出現させる、あるいは宇宙レベルでいえば新たな世界を誕生させる、まさにその力と遭遇しなければならない。ある意味でそれはごく平凡かつ日常的な力だ。あまりにもありふれているので見過ごされかねないが、同時にとてつもないパワーと神秘をたたえた力でもある。ショッピングモールをうろついて最先端の商品で誘いかけてくる、あの力ではない。いわゆる「繁栄」の力ではないが、「ゆたかさ」をもたらす力だ。

実現化は、アファメーションやポジティブ思考、視覚化などのテクニックの大半に表現されるエネルギーより、もっと激しく猛々しいエネルギーとの出会いへ導いてくれる。いま挙げたようなテクニックは、よく「無意識の部分をプログラミングする」という概念にもとづいているが、この喩《たと》えは最初のうちこそ役立ったとしても間違いである。生命の創造的側面はコンピュータではない。マッキントッシュやＩＢＭよりも、むしろ古代の森の神パンに似たものだ。一種の野性味がある。しっとりとした、流れるような、みずみずしく青臭い匂いがする。ちらちらと舞う光のきらめきが、稲妻のパワーが、太陽をもとめてコンクリートを突き破り芽を出す植物の粘り強さが、そこにはある。そんな力を「プログラミング」できようか。あがめ、尊重し、ともに働くしかない。それらは仲間であって、奴隷ではない。実現化にかかわることは指令／コマンドを出す行為というより、むしろ交流と共有の行為である。強制とは違う、みずから参加する行為だ。

共同創造の世界に参加する、というこの行為の本質を理解すれば、とりもなおさず実現化という心の技術を理解することになる。そうした共同創造の実践が、この技術の実践である。理解と実践を支えるのは単純な原理だ。実現化は「いかに在《あ》るか」の問題であって「いかに得るか」の問題ではない。この点を尊重すれば、まちがいなく巧みな実現化ができるだろう。

第1章　不思議なことvs.ふつうのこと

以下に紹介するエピソードのうち、どちらが実現化をあらわしているだろうか?

友人にワシントン州政府の仕事をしている男がいる。シアトルと州都オリンピアにそれぞれオフィスをもち、州内の中小企業とその周辺地域の経済的活性化をうながすため東奔西走している。給料日には州政府から小切手が支払われ、それで彼の一家の生計が立っている。

いっぽう、わたしは自営で講師や教師をやっているため、これまで決まった給料日というのがめったになかった。収入も、自分の提供する内容に世間の人々がどれだけ関心をもつか、反応してくるかによって年ごとにかなり波があり、荒波にもまれることもしばしばだ。七〇年代の終わり近く、その関心がめっきり衰えた時期があった。二カ月か三カ月のあいだ、勉強と読書とさまざまな興味の追求に費やす時間はたっぷりあれど、収入はほとんどないという状態におかれた。だんだん切羽詰まってきて、実現化への努力を強化しはじめたところ、聞いたこともない団体から手紙が舞いこんだ。西海岸で開催される会議に参加してほしいという内容だった。必要経費は支払うとあるが、謝礼についてはまったくふれていなかった(スピリチュアル系、ニューエイジ系の団体ではこういうケースは珍しくない)。手紙を読んだ直後は受けるべきか迷った。当時はミルウォーキーに住んでいたので、かなりの遠出になる。しかも会議の開催期日がわたしには不都合だった。しかし、そのあと強い直感がきた。障害があっても、そしてたとえ無報酬だとしても、ぜひ行くべきだと。最悪でも、もともと大好きな地域への旅は楽しめるだろうし、すくなくとも数日は食費が浮く! わたしは実際に出かけていき、すばらしい時間をすごした。そして会議の最終日に帰り仕度をしていると、主催者のひとりがやってきて封筒を渡された。「ありがとう、デイビッド。きみの取り分だ」。中に入っていたのは一万六千ドルの小切手。当時のわたしのほぼ一年分の稼ぎに相当する額だった。それから数カ月後、開講した新しい一連のクラスは成功し、講演依頼も多く寄せられるようになって、わたしの経済的ニーズは満たされたのだった。

ではこのふたつのエピソードのうち、どちらが実現化の例になるか？　きっとあなたは二番目を選ぶだろう。それはなぜ？

そう、最初の友人の話はあまりにもふつうに思えるからだ。自分の仕事をして給料をもらうとの、どこが特別だというのか？　ほとんどすべての人がそれをしているか、したいと思っている。ひとつも珍しいことではない。まあそれを言うなら、講演をして高額の謝礼を得るのもまったく珍しいことではないかもしれない。そういう講師は大勢いる。ただ、わたしにとっては珍しい出来事だった。たった一回のイベントで支払われた金額としては最高額だったのだ。さらに特別な要素は時期的なタイミングと、行くべきだという直感のひらめきがなければ誘いを断って、せっかくの機会をふいにしたかもしれない点だ。しかも、あの招きは文字どおり青天の霹靂《へきれき》で、名前も聞いたことのないグループから舞い込んだのだから。

それでもふたつのエピソードの帰結は同じである。友人もわたしも、仕事をしてお金を稼いだ。わたしの得たお金はふつうの給料日にふつうに支払われたのではなく、予想外の形でやってきたから特別なのか？　もしあれが講演で稼いだのでなかったらどうだろう。わたしはこれまでに何度も見知らぬ人から小切手を受けとっている。わたしの書いた文章を読んだり、わたしの講演の録音を聞いたりして助けになったという人たちだ。だいたいは百ドル未満のささやかな贈り物という感じで、ほとんどは五十ドルにも届かないが、たまに千ドルを越えることもあった。金額にかかわらず、わたしにとってはどれも深く感謝すべき贈り物であり、ほぼ例外なく、ちょうど必要なときに舞い込んできてくれた。そのようなお金は、先の友人や彼のような何百万の人々が毎月働いて得るお金よりも不思議な、奇跡的なものだろうか？

もうすこし掘りさげてみよう。あとふたつエピソードを挙げる。

わたしはパンが大好きだ。どんなパンでもいい。あるとき、なにかふだんと違う特別なものがほしい気分で地元のパン屋に出向いたところ、ちょうどアイルランド風重曹パンが焼きあがったところだった。わたしの大好物のひとつで、皮はしっかり噛みごたえがあるのに内側はふんわりと柔らかい独特の食感（そういう人間もいますよね）と、かすかに甘い香りがなんともいえない。スライスして温め、バターをひとかけ乗せて、それが溶けるにつれて春の陽光のように広がっていくのを眺めてから、おもむろにダークベリーのジャムといっしょに塗りひろげる。ああ、たまらない。考えただけでよだれが出てきそうになったわたしは、財布を取り出して店員に代金を払い、パンを一塊かかえて帰宅したのだった。

十歳のころ、母とわたしは父の地中海をめぐる出張に同行したことがある。立ち寄った都市のひとつがトルコのイスタンブールだった。ある夜遅く、わたしたちはホテルから街へそぞろ歩きに出た。ほとんどの店は真っ暗だったが、パン屋が一軒、閉店後ではあるがまだ明かりをつけていた。中ではパン職人たちが翌日の準備に忙しく、パンの焼ける香ばしい匂いが通りまで漂ってきていた。わたしたちは立ち止まり、職人たちの働く様子をしばらく見物しながら、あの焼きたてのパンをすこしでも食べられないものかと内心願っていた。父などはついに店の扉をノックしてみたが、店主はただ笑顔で手をふり、もう帰れという仕草をした。しかたなくその場をあとにしたが、みんなあのパンのことが頭を離れず、お腹の虫がぐうぐう言っていた。

　ほんの二ブロックほど行ったところで、鋭い口笛が背後から響いた。わたしたちは立ち止まってふりかえった。すると、どこからともなく警官があらわれ、手をふって止まれと合図しながら駆けてくるではないか。なにごとかといぶかり、ちょっと心配しながらもわたしたちは警官が追いつくのを待った。彼は立ちどまると満面の笑みを浮かべて敬礼し、うしろに隠し持っていたアツアツの大きな焼きたてパンをさっと取り出してみせた！　パン屋の窓からのぞきこんでいたわたしたちを見て、無理やり店をあけさせパンを買ってきてくれたのだ。アメリカ人旅行者への心づくしの贈り物として。

　このふたつのエピソードのうち、どちらが実現化をあらわしているだろう？

　ここでも最初の話はごくあたりまえに思える。パン屋に行って、パンを買った。よかったね、でもそれがどうした？　だれにでもできることだ。北米に住む何百万の人々が毎日パンを店で買っている。だからパン屋という商売が成り立つ。

　くらべて、ふたつめの話には魔法の匂いがある。自分たちではどうすることもできなかった欲求が、予想外の形で満たされた。わたしたちは贈り物をもらった。ロマンチックで騎士道精神にもとづく出来事であり、ある文化を代表するひとりの人間から、祖国を訪れたべつの文化を代表する客人へと差し伸べられた、やさしい思いやりだった。

それでも、あのときもらったパンは自分で買ったパンより特別なのだろうか？　なんらかの奇跡的な意味で異なるものだったのか？　あのパン種になにかの魔法が練りこまれてでもいたのか？

奇跡といえば、あとふたつこんな話もある。

わたしは最近腰痛に悩まされるようになった。これは、すわった姿勢で長時間すごす物書きにとっては職業上ついてまわるリスクである。そこでいつものように対処した。運動をし、カイロプラクティックの治療を受けた。しかしちっともよくならないばかりか、かえって悪化して座骨神経痛になってしまった。かかりつけの自然療法医に診てもらったが、痛みはじわじわと強くなっていき、二週間後にはほとんど歩けない状態に陥って整形外科に送られた。診断は椎間板ヘルニアだった。あご髭をきれいに整えた大男の医師が、かすかなヨーロッパなまりで話すのを聞きながら、わたしはすでに背骨の手術と回復までの何週間かを思い浮かべていた。すると医師はこう言った。「それほど深刻な状態とは思いません。おそらくそのうち自然に治るでしょうが、大事なのは毎日歩くことです。痛くてもがまんして歩きつづければ、症状はとれるはずです」

歩くだけ？　薬もなし？　手術もなし？　信じられない思いだったが、ものすごく安堵した。ただ外に出て、足を動かしさえすればいいのだ。で、そのとおりにした。最初は痛かったが、ひと月歩きつづけたら症状は消えた。背骨は自然治癒したのだ。

友人のキャロルも、あるとき腰に痛みをおぼえるようになった。だんだん痛みがひどくなったので検査を受けにいくと、椎骨のひとつがつぶれそうになっていると言われた。その椎骨を取り替える手術が必要だが、術後はもう腰を曲げることができなくなる。

手術を受ける数日前、彼女は起き上がれないのでベッドに寝たまま夫と話をしていた。突然、家の外で爆発音のようなものが聞こえた。好奇心から夫は外に走り出たが、なにも異変があった様子はなく、音の原因もわからなかった。戻ってみると、驚いたことにキャロルが立ち上がり、服を着ようとしている。なにがあったのか自分で見に行こうとしていたのだ。大きな物音に気をとられているうちに、彼女の中で急激にエネルギーがわきあがり、起きて調べようという衝動が生まれたのだった。好奇心でいっぱいになっていたので、まったく動けない身体であることが明らかに意識からすっぽり抜けていたらしい！　その後、彼女は診察を受けにいき、ふたたびX線写真をとった。医師は椎骨が完全に健康な状態であることを発見し、驚愕した。前は確かにあった椎骨崩壊の徴候が見つからない。彼女の背骨は正常に戻っていた。

どちらのエピソードが奇跡的に思えるだろうか？　そしてどちらがふつうか？

おそらくあなたは最初の話をふつうとしただろう。それはなぜ？　わたしの腰が治ったのは、キャロルの背骨の治癒よりも特別ではなく、不思議でもなく、意味深くない出来事だったのだろうか？　たしかに、生涯にわたって不自由をこうむる可能性に直面したキャロルほど、わたしのリスクは高くなかった。しかしリスクの内容がどうであれ、どちらの場合も物理的な状態が変容し、結果的に治癒が起きたのだ。

キャロルの話もタイミングのよい講演依頼やパンの贈り物の話も、魔法のように思えるのは結果ではなく、その結果が出るまでのプロセスだ。とりわけ医療がらみのケースでは、われわれにとってなじみ深いプロセスではない。だれしも薬が効くことは期待するが、治癒が自然に起きたり、あるいは信念やなんらかの心の動きの結果として起きるとき、そこには大きな神秘をおぼえる。驚異の念がともなう。われわれの大部分が生きているノーマルな世界の境界を踏み超えた、なにかが起きているという感覚だ。早く言えば、そこには奇跡の感触がある。

したがって、実現化とほかの形の創造や獲得との違いは、結果のレベルではない。実現化しようが働いて稼ごうが、活動の帰結は同じである。わたしのポケットのお金は小切手で受けとった場合も、謎の後援者によって家の戸口に置かれていた場合も、価値は変わらずおなじ品物を買うことができる。新しい仕事につけば、それが職業紹介所で段取りをつけてもらい面接を受けて採用された場合であれ、ランチの店でたまたま隣あわせた人物との気軽な会話から思いがけなく仕事を提供された場合であれ、わたしはとにかく与えられた職務をきちんと果たさねばならない。

実現化とふつうの獲得の違いは、しばしばそのプロセスにある。前者はマインドとスピリットの深遠な力に訴え、後者は買う、作る、稼ぐなど日常的な手段をもちいる。しかし、それでも境界線はあいまいになりうる。さきほどの話でも、わたしは一万六千ドルをただもらったわけではなく、会議で仕事をした代償として得ている。つまり実現化したのは仕事の機会なのだ。

さらに、われわれ人間の世界に存在するものはほぼすべて、マインドとスピリットの諸力が作用した結果、生じたものだということもできる。想像力や創造性、洞察、新しいことを探求し試してみる勇気などはみな、人間精神の内部にひそむ、形をもたず究極の神秘をたたえた驚異的な次元なのである。それらなしでは火を飼いならすことも、車輪を発明することも、都市を建設することも、穀物を植えることも、パンを焼くことも、絵を描くこともできなかっただろう。

〈大いなる世界に心を開く〉

それでも、日常生活に内在する多くの奇跡や驚異を認めたうえでなお、実現化はさらに奇跡的なすばらしいものに思えてしまう。その理由のひとつは、実現化が代価なしに何かを得られる現象に思えるためだろう。これはだれしもやってみたいことだ。あきらかな労力をまったく費やすことなく、自分の望む、あるいは必要な状況が人生に展開してくれる。行ってみたかったレストランの「無料お食事券」をもらったようなものだ。

本書を読み終わるまでには気づいてもらいたい。実現化はけっして「ただ」ではないことを。すくなくとも、宇宙の大いなる乳房からわれわれの飢えた開きっぱなしの口へ、一方的に注ぎ込まれるようなものではない。それはむしろ関係性から生まれるもので、だからこそ、こちらの側にも相応の取り組みを要求される。実現化のために自分は何もしなくていいわけではない。ただ、いままでとは違うことをおこない、自分自身の内なる源から使い慣れないものを引き出すのである。

実現化とは、宇宙のどこか偉大な福祉国家から施しを受けるという以上のものだ。それは贈り物である。施しはときによそよそしい行為で、結局は本人を無力に追いやり身を落とさせることにもなりうるが、贈り物は気づかいと肯定の感覚をともなう。思慮深い贈り物は愛をともなう。

それは共有の行為であり、霊的な交流の行為ですらある。

実現化という現象は宇宙が本当は友好的な場所であり、われわれは自分の幸福を気にかけてくれる共同体の一員なのだ、ということを示してくれる。実現化のエピソードを聞くと、表面にあらわれた細かい事実の奥にもっと深い意味がひそんでいる。この宇宙には気づかいに満ちたスピリットが存在し、こちらが機会を与えればちゃんと必要性を満たしてくれる、ということだ。われわれの社会は競争によって筋力を強化され、勇ましい闘争と征服の炎で魂を鍛えられてきたが、そんな中にあってこれはまさに魔法のような驚異の観念といえる。

また実現化は、この世界には純粋に物質主義的な観点では説明できない原理がはたらいていることを示唆する。中世の木版画で地上の世界が大きな泡に包まれた様子を描いたものがあるが、泡の外側は星と月に満ちた天空の領域で、そこに森羅万象をつかさどるメカニズムが存在する。そしてひとりの男が泡から頭をのぞかせ、それまでは見えなかった驚異の創造的領域をかいま見ている。われわれが実現化の行為を体験したり、だれかの体験談を聞いたりするとき、それはあたかも自分の頭がいっときこの泡を突きぬけて、新しい世界のイメージが眼前に広がったようなものだ。

わたしは長年さまざまな土地を訪れ、講演をおこなってきたが、つねに聴衆や仕事先の人々の中にこの魔法への渇望が読みとれた。驚異とパワーと気づかいに満ちた大いなる世界がわれわれのまわりに広がっている、という感覚を味わいたいのだ。そんな願望を皮肉るのはたやすい。そんなものを望んでいるとあえて認める者は少数かもしれない。あまりにもみずからを無防備に晒《さら》してしまうかもしれないから。大いなる世界の可能性に心を開くことは無邪気さをあらためて取り戻すことだが、それはうぶさ、幼稚さと間違われやすい。しかし渇望はまぎれもなくそこにある。それはわれわれをつき動かして、物質世界の冒険とスリルとドラマと逃避をもとめさせるかもしれないし、あるいは自分を見つめる力を与え、その大いなる世界への扉をみずからの内側に見つけさせるかもしれない。どちらにしても、人生に欠けていた活力を追求することになるのだ。

この新たな活力の感覚、自分は広大な驚異的な世界に生きているのだ、という気づきの感覚こそ実現化という営みの核心である。この心の技術の魔法は結果やプロセスにあるのではなく、自分自身の中に、そして人生とのかかわり方にある。その意味でこれはたんなるテクニックではなく、むしろ技術なのだ。詩人の技術は言葉だけにとどまらず、画家の技術は色の選択にとどまらない。それは彼らがみずからの魂の資質を引き出すような形で、いきいきと人生そのものに取り組んでいく能力にあるのだ。そして起きる感覚と認識の拡大、人生とエネルギーの拡大は、作品の形態をはるかに超越する。おなじように実現化の本質も、なにかを獲得する、創造する、という部分にあるのではなく、人生とのさらに充実した関係性を築くことにある。

芸術と同様に、実現化は魂を目に見える形にしてくれる。たんに奇跡的な実現化がありうるだけでなく、われわれ自身が奇跡的な存在であり、人生そのものが奇跡的だということを示してくれる。ありふれた日常のただなかに暮らしていても、その日常は非日常という基礎から生じ、その上に成り立っているのである。

われわれから見ると、人生には奇跡的で魔法のような時や出来事があったり、つまらない「ふつうの」時や出来事があったりする。しかし、このとらえ方は実際の状況や物事についてというより、むしろ自分の認識方法について述べているにすぎない。自分がその物事や状況とどうかかわりあっているか、それが物事や状況そのものに内在する資質とおなじくらい、魔法を生みだす要因になる。だから見ようによっては、まじめにきちんとやり遂げた労働の結果として報酬を受けとるのも、ある日とつぜん未知の友から小切手が届くのと同じくらい、魔法になりうるのだ。奇跡的な出来事とふつうの出来事の違いは現実そのものではなく、われわれの心にある。

これは重要な洞察である。実現化を背後で支えるパワーは「全体性」という状態より生じているからだ。人生自体には「日常」「非日常」「奇跡」「魔法」などという区別はない。すべてはただ「在る」だけで、それで充分なのだ。宇宙は継ぎ目なく連続したものなのに、われわれはよくそれを個々の部分に分割し、全体性のパワーとみずからを切り離してしまう。そして精神と物質、魂と人格、実現化の魔法と日常業務の労働との区別を口にする。しかし精神も物質も、魂も人格も、魔法も労働も、非日常も日常もすべてひとつの現実の側面であり、エネルギーと出来事の大きな流れの一部なのである。この全体性の視点と体験をこそ、つちかっていきたい。それが実現化という行為をなすための力の源泉になるからだ。

人生を「魔法」か「日常」かに分類すると、創造性のエネルギーが減退したり妨害される。芸術家ならだれでも知っていることだ。これは特別だから見る価値があるけれど、あれは違うというのは、まわりに360度広がる実際の風景が目に入らず、見晴し台ばかりをもとめて果てしなくさまよい続ける人生にしてしまう。その結果はじわじわと視野がかすんできて、やがて魔法のような出来事がたとえ目の前で起きても、まったく見えない状態に陥るだろう。

ある友人は、わたしがいつも非日常から神秘性をはぎ取りたがるといって非難する。まったくきみときたら、ピーナツバター・サンドイッチにまで神を見いだそうとするんだから、と。たしかに彼の言い分はもっともだ（だって、わがこよなく愛するピーナツバターほど神々しい美味があるだろうか！）が、わたしはべつに人生から奇跡と驚異をはぎ取って、なにもかもつまらない同じものに見せたいわけではない。その正反対だ。わたしは日常を奇跡に、そして奇跡を日常にしたい。でないと、われわれは人生における日常的な慣れ親しんだ側面をあまりにも普通扱いして、実際はそこにある魔法や奇跡を否定してかかり、逆に非日常的な側面はあまりにも特別な魔法のように扱って、特殊な状況でしかアクセスできないものにしてしまう（あるいはもっと悪いことに、希有な才能をそなえた特殊な人間しかそのような瞬間を享受できず、実現化はごく少数のためのものだと思い込んでしまう）気がする。日常はあまりにも生気を失い、非日常はあまりにも変わったものになり、達成するにはなんらかの希有な瞬間や努力を要するようになるだろう。日常に耐えしのぶことと、特別ななにかに憧れることのあいだで自分のエネルギーが分裂する。どちらにしても、現在のこの瞬間がどんなものであれ、そこに意識を完全に集中させることによってのみ見いだされるユニークな創造性を失ってしまうのだ。本当はそのような意識的な瞬間から魔法が花開くというのに。

実現化という心の技術を学ぶのは逆説的なプロセスだ。ありふれた事柄や日々の生活の中に魔法を見ることができなければ、あるいはべつの言葉でいうと、そうした日常的なものを新鮮な、注意深い、いわば魔法の目で見ることができなければ、実現化という日常の奇跡の燃料となる心のパワーをじゅうぶんに呼び起こすことはかなわない。

この章はエピソードの比較から始まった。どれが実現化の例だっただろうか？　もちろん全部がそうだ。それぞれが異なるテクニックの作用を示しており、そのいくつかは人間の魂と精神の非日常的な能力を引き出し、われわれを重層的な現実（とその神秘）にいざなうようなテクニック、あるいはプロセスを物語っている。でも、すべてのエピソードが実現化の魔法の実例だ。それを理解し、日常のありふれたものに魔法と奇跡を見いだせるようになったとき、あなたは本当に実現化という心の技術をマスターする道に立っているだろう。

第２章　実現化を学ぶ――わたしの場合

わたしが実現化という技術に出会ったのは、おそらくほとんどの人がなんらかの形で体験していることによってだった。それは祈りの力についての教えだ。子供のころ、通常の手段ではどうしてもかないそうにない願いがあるときは、神様に向かって願いを祈りとして述べるよう教えられた。そして願いがかなうことを信じなさい、と。祈りと信仰は、わたしの家族にとって生活の欠かせない一部となっていた。

〈心のパワー〉

一九五二年に、メソディスト派の牧師であるノーマン・ヴィンセント・ピール博士が『ポジティブ思考のパワー』（邦訳『積極的考え方の力――ポジティブ思考が人生を変える』桑名一央、市村和夫訳、ダイヤモンド社）という本を書き、たいへんなベストセラーとなった。心の姿勢や心にいだくイメージがわれわれの人生におよぼす影響力について、くわしく解説している。彼はその後もおなじテーマで数冊出しており、一九八二年刊行の『ポジティブ・イメージ――人生を変える強力な方法』も代表作のひとつだ。

わたしの両親の結婚式を一九三九年に執り行ってくれたのがこのピール博士で、両親はつねに彼の教えを尊重していた。そのため、わが家の本棚で彼の著作は特別な場所を占めた。博士の教えにより、われわれの思考や感情や姿勢が、人生に引き寄せてくる現実に影響をおよぼすという考え方は、家族の信条にしっかり組み込まれたのだった。

十代のある時期、わたしは両親とともにユニティ派の教会に通っていた。正式名称ユニティ・チャーチ・オブ・クリスチャニティは、クリスチャン・サイエンス、アーネスト・ホルムスのサイエンス・オブ・マインド、レリジャス・サイエンスのような宗教運動で、アメリカでは十九世紀初頭にエマソンやソローの超絶主義とともに始まった一連の思想・哲学の潮流から派生したものである。なかでもユニティは、ニューイングランドの時計職人フィニアス・Ｐ・クインビーの思想から発展した。彼は人生に有益な変化を生み出すというイメージ作りとポジティブ思考のシステムを編み出し、それが新思想《ニュー・ソート》として知られるようになった。宇宙における創造性の力のおおもとは意識あるいは心（マインド）であり、すべてのものが究極的には神の「宇宙心」に由来すると主張している。

しかし、この考え方は超絶主義者やクインビーが最初に思いついたものではない。ポジティブ思考、視覚化、実現化など、現代のテクニックと考え方の多くは東西の神秘学の伝統からきている。神秘学とは、形ある世界にひそむ目に見えない神秘的な創造性の力を心理学的、霊的手段によって探究しようとするものだ。錬金術、薔薇十字会、そして歴史家フランシス・イェーツが「秘教的カバラ主義」と呼ぶところの伝統などが教えているのも、意志と想像力を制御し鍛錬することで意識に変化を起こし、ひいては人生と環境に変化をもたらす方法である。

そんなわけで、わたしは子供時代も思春期も、人間は思考や感情によってみずからの現実の形成を助けている、という考え方で育てられた。両親のどちらからも「実現化」という言葉を聞いたおぼえは一度もないが、わたしは実現化を可能にする信念と実践に不可欠ないくつかの要素を、ごく早い時期から学んだことになる。

〈フィンドホーンへの道〉

一九六四年、大学で生化学と分子生物学の学位をとろうと励んでいたころ、ある友人が霊性と心霊現象に関する大規模な会議を主催した。わたしがその分野では多少の経験をもつことを知っていた彼は、講師のひとりとしてわたしを招いてくれた。霊的な世界とのコンタクトや交流は、幼児期に一連の神秘的な心霊体験をしてからのつながりだが、それを人前で語るのは初めてだった。このときの講演をきっかけに各地の団体から講演依頼がたくさん舞い込んだが、当時は学業に忙殺されていて動く気にならなかった。だが翌年に入ると、招待のいくつかにはなんとか応じるべきだという強い直感がはたらいた。そこで、その夏わたしはロサンゼルスへ出かけて現地の団体に協力し、のちにサンフランシスコ近くに移り住んだ。それでもいつかは大学に戻って学位をきちんと取るつもりだったのに、結局そうしなかった。ひとつ招待を受けるとつぎの招待が舞い込み、やがて気がついてみると、霊的成長と人間関係の分野における講師、セミナー指導者としてのキャリアを築きつつあった。自称「フリーランスの神秘主義者」と冗談めかして言ったものだが、いまでもそれがわたしである。

月末に家賃その他もろもろの支払いをまかなうだけのお金がどこから入ってくるのか、その月の始めには見当もつかないことが多かった。それでも自分が必要なものは得られるであろうことは一度も疑わなかったし、かならずそうなった。わたしは内なるスピリットの呼びかけに従っていたし、みずからの直感に注意を払ってさえいれば大丈夫だ、という確信があった。

たいていは自分でカリキュラムを組んだ講座を教え、その報酬で生計を立てていた。だがそれ以外にも、よく思いがけない形で資金やさまざまな援助がちょうど必要なタイミングで与えられ、仕事を継続・発展させることができた。仕事のうえではめったに「実現化」という言葉は使わなかったが、実際におこなっていたことはまさに実現化だった。

ただし、わたしは家庭で学んだのとは違う方法による実現化を身につけようとしていた。だんだんに視覚化、アファメーション、ポジティブ思考といった従来の手法を使わないことが増え、すくなくとも主要なテクニックとは見なさなくなった。それよりも自分の意識の内側に入っていき、必要なものや創造したい状況の魂というかエッセンスを感じとれる場所へ向かおうとした。そのエッセンスに波長を合わせ、それを自分自身の内なる存在の中に持ち込み、みずからの創造性のありかに同調させ、その存在の「匂い」のようなものを日常生活に組み入れようとした。じつはほとんどの場合、わたしは特定のニーズに焦点を合わせていない。ただ自分の内側に、わたしの必要なものをすべて（まだ自覚していないものまで）知っている存在がいると宣言したのだ。そしてこの存在が、それらのニーズを愛ある形でじゅうぶんに満たすことのできる、創造性のパワーとつながっていると。

あるとき、わたしは生徒用の小冊子を自分で書いて作りたいと思った。でも当時は大学時代から使っていた古いポータブルのタイプライターがあるきりで、ふだんの仕事にはなんとか事足りるが、印刷用のきちんとした原稿を作るには不十分だった。かといって、印刷業者に本格的に頼むにはお金がない。この問題にどう対処すべきかと考えこんでいると、ある生徒の夫から電話がかかってきた。うちの家内がたいへんお世話になって感謝しています、なにかお礼をさせてください、というのが用件だった。いわく、事務用品の店をやっているので、よければオフィス一式を提供させていただきたい。新品のタイプライターに新品の謄写版印刷機、机と椅子、その他ご入り用なものはなんでも揃えますが、いかがでしょう?

おかげで一週間もたたないうちに、わたしは家賃なしの新しいオフィスに移っていた。そこにはクラスで使う小冊子を執筆・製作するための最新の機器が完備されていた。結局そのオフィスは地方の仕事が増えてもう必要なくなるまで、一年以上も使わせてもらった。わたし自身とわたしの仕事に大きな恩恵を与えてくださった彼の厚情には、いまも心から感謝している。

一九六六年から六九年にかけて、合衆国とカナダの各地で講演活動をしていたころ、スコットランド北部のフィンドホーンという古い漁村にほど近い、小さな共同体に行ってきた話をする人にときどき出会った。彼らによると、その共同体のメンバーは自然の精霊と会話をし、そのアドバイスと助けを得て奇跡のような菜園を育てているのだという。それは精神世界で仕事をしていればよく遭遇するたぐいの話だったので、わたしは風変わりだが善意の英国人サイキックの集団が、のんびり畑仕事をしながら小さな妖精や小人とおしゃべりしている、そんな様子を思い描いていた。

率直にいうと、当時はフィンドホーンの共同体がそれほどたいしたものだとは思わなかった。

しかし一九七〇年に仕事で英国に行ったとき、二、三日とって噂の場所を訪れてみようかという気になった。ずいぶんいろいろな話を聞き、関連の書籍も読んで、わたしも以前よりくわしくなっていたからだ。

フィンドホーンは、北海に面したマレー湾という大きな入り江に突き出す形の半島に位置する。たまたまスコットランド北部を取り巻くように流れるメキシコ湾流が暖流なので、フィンドホーン周辺には珍しい気候が生じている。英国国内でも、南部の海岸線の数カ所をのぞけば、ほかのどこよりもすっきりとした晴天が多いのである。その結果、夏にはグラスゴーやエジンバラから休暇をとりにきた人々がフィンドホーンの浜辺であたたかい陽光を楽しみ、その多くは浜辺の目の前といっていいフィンドホーン湾キャラバン公園で、レンタルのトレーラーやテントに滞在する。

一九六二年、ピーター・キャディという元英国空軍将校が、妻のアイリーンと三人の息子、そして友人で同僚のドロシー・マクレーンをともなって公園にやってきた。ピーターもアイリーンもドロシーもそのときは失業中だった。ほかに宿泊施設がなく費用も節約したかったので、キャディ家のトレーラーをみんなで使い、ドロシーのために小さな離れを建て増すことに決めた。ただし、ピーターは三ツ星の巨大ホテルの経営に携わってきた経験豊かな管理職であり、ドロシーも重役秘書だったので、ふたりともそう長く失業状態が続くとは思っていなかった。けれども就職話はつぎつぎとだめになり、たいへん奇妙な形で立ち消えになるものもあって、もしかするとこのトレーラー・パークでの滞在は予想より長期にわたるかもしれない、と考えるようになった。

ふつうなら、この認識は落胆につながったかもしれない。だがピーターとアイリーンとドロシーは長年ともに働いた仲間で、みな瞑想によって内なる導きに耳を傾けるための霊的な修養を実践していた。そして瞑想のなかで、彼らが本当は霊的な仕事をおこなうためにこのトレーラー・パークに配置された、とるべき最初の一歩は菜園を作ることだと告げられたのだった。

使えそうな空き地は周囲にたくさんあったが、土壌はほとんど小石混じりの砂地で、北海から吹きつける風は塩分を含む烈風だった。菜園を作るのに最上の環境とはいいがたい。この重要なタイミングで、ある朝ドロシーが日課の瞑想中にメッセージを受けとった。あらゆる自然現象の背後には天使のように知性をもつ霊的な存在がいる、彼らとコンタクトして援助をもとめなさい、という内容だった。そのとおりにしてみると、驚いたことに本当にそうした存在たちと接触できた。ドロシーは彼らをディーバと名づけた。サンスクリット語で「輝ける者」を意味する言葉だ。

それからの数年、ドロシーはこのディーバたちから無数のメッセージを受けとった。その多くは植物の育て方に関するたいへん実際的で詳細な指示であり、彼女とピーターはそれらを注意深く実践していった。物理的、霊的滋養を与えられた菜園はみごとに茂り、やがてひとつの不思議な現象として世界的に注目を浴びるまでになった。新たにやってきて彼らにくわわり、日々の作業と霊的な世界とのコンタクトをともにする者も出てきた。そして一九七〇年には人々が波のように押し寄せ、七〇年代の終わりには三百人を越える共同体にふくれあがっていた。

わたしが現地に入ったのは七〇年の晩夏で、ちょうど第一の波にあたり、その大半がおなじように合衆国から来た人々だった。列車の最寄り駅から車で到着し、目的地に降り立ったわたしはあたりの光景に驚嘆した。ゆたかに生い茂った美しい菜園。人々は光と生命にあふれ、きらきらと輝いて見えた。その場所には肯定的な活力を与え、気持ちを高揚させるようなスピリットと魔法があった。ここはしばらく滞在したい場所だと、すぐに確信した。

しかもなんと、共同体の創設者たちもわたしに対して同様の思いでいてくれたらしい。到着したとたんにピーター・キャディがバンガローから出てきて、いきなりがっしりとわたしを抱きしめ、「ようこそ、デイビッド！」と叫んだのだ。「来てくれて本当にうれしいよ。ぼくらはもう三年も待ってたんだ！」その言葉にわたしが当惑するのを見て、彼は笑いながら言った。「とにかく中でお茶にしよう。妻のアイリーンに会ってくれ。説明するから」

その三年前、わたしが自分の講座のために書いて謄写版印刷した（先に述べた、あの贈り物の装置を使って製作した）小冊子を、ある友人がピーターとアイリーンに送ったらしい。アイリーンは小冊子を読んだとき、わたしがいつかフィンドホーンに来て、共同体の発展と仕事に重要な役割をはたすという内的なビジョンを見た。そしてついに、そのビジョンが実現したのだった。わたしは到着後二日もしないうちに、ピーターやアイリーンと並んで共同体の代表のひとりになっていた。

それから三年間、フィンドホーンはわが家となった。それは活気に満ちた場所で、ちょうど共同体が発展しはじめ、明確な形をとりつつあるという刺激的な時期でもあった。また実現化に関するわたしの洞察が真に形成され、これから読者のみなさんに分かち合う考え方やテクニックがまとまってきたのもあの場所だった。

〈実現化の「法則」〉

実現化によって築かれた場所、というものがあるとしたら、それはフィンドホーンである。実現化の教えと実践こそ、あの共同体の信念体系と発展の核心をなす部分だった。

共同体において、実現化はふたつの関連した形をとっていた。一方のアイリーン・キャディの手法は、ただ信念をもち、神を信頼することである。「信念をもっていれば、あなたの必要性は完全に満たされるであろう」彼女の受けとった導きはこう告げている。そして彼女もピーターもドロシーも、間違いなく長年の霊的修養でつちかわれたあり余るほどの信念の持ち主だった。

もう一方で、ピーターは視覚化やアファメーション、ポジティブ思考の力について教えを受けており、それらを実現化の法則と呼んでいた。彼は共同体を訪れる多くの人々に向けて、毎日それらの法則と原理について語った。共同体がポジティブ思考と視覚化によっていかに必要を満たしてきたか、というエピソードがいくらでも口をついて出るのだ。彼の熱意、自信、確信、そして語り手としての魅力が、聴衆ひとりひとりに実現化のテクニックを手にとるようにいきいきと伝えていた。

そうしたテクニックは、実現化にすこしでも興味がある人ならおそらくなじみ深いものだろう。マックスウェル・マルツ著『サイコ＝サイバネティクス』(邦訳『自分を動かす――あなたを成功型人間に変える』小圷弘訳、知道出版)、シャクティ・ガーウェイン著『クリエイティブ・ビジュアライゼーション』(邦訳『ポジティヴ・シンキング』大野純一、大塚正之訳、阿含宗出版社)といった人気のある本でも、またピール博士、ナポレオン・ヒル、ロバート・シュラー師をはじめ、幾百人もの著作のなかで説かれている。

説明は簡単だ。「視覚化(ビジュアライゼーション)」には実現したいものを心のなかで、できるだけ完全に映像として思い描くことが必要とされる。心の眼でそれをはっきりと見て、まざまざと体験しなければならない。イメージ作りにはできるだけ多くの感覚を動員し、対象の見た目を想像するだけでなく、適切な範囲でどんな音か、どんな匂いか、どんな味か、どんな感触かを想像する。イマジネーションの中で、それが自分の現実にならねばならない。そのプロセスを助けるために、実現化したい対象の写真があればそれを使うとか、あるいは自分で絵を描いたり、自分にとってそのイメージを示唆し、現実感を強めるようなシンボルをもちいてもいい。

心のなかでイメージが明確になったら、それを肯定し強化するような文を作る。これが「アファメーション(肯定的宣言文)」である。将来こうなるだろうとか、こうなるかもしれない、ではなく、実際にいま起きているように現在形で述べる形にしなければならない。だから新しい車を実現化したければ、「わたしはいま、誇らしい気持ちでホンダ・シビックの新車を所有している」というようなアファメーションになる。そして、一日に何度かアファメーションをくりかえし、実現化しようとしている現実を強化していく。反復がイメージをさらにリアルにするため役立つことは疑いなく、イメージのリアルさにこそ、それを実現させる力がある。「ポジティブ思考」とは、疑念や疑問がアファメーションと視覚化の妨げになることを許さない心の姿勢である。アファメーションをくりかえすとき、「できれば」とか「たぶん」などという言葉をつけ加えてはならない。本当はこんな実現化はうまくいかないだろう、などと考えて進行中のプロセスに疑いを投げかけてはいけない。否定的、自滅的、自己不信的な姿勢によって、せっかくの努力に水を差してはいけない。

これらのテクニックには多くの利点がある。シンプルで、すっきりしていて、覚えやすい。想像力を伸ばし、人生への肯定的な姿勢をつちかう助けになる。そしてなにより重要なのは、効果的であることだ。

実際、フィンドホーンでは成果をあげていたし、それもピーターやアイリーンやドロシーだけではない。みんな、住むためのトレーラーや、仕事に使う道具や、プロジェクトの資金を実現化していた。あるとき、共同体で暮らしている若い男性のトレーラーにたまたま立ち寄ったところ、壁一面にギターの写真が貼ってあるのに気づいた。わたしの視線に気づき、彼は「ギターを実現化しているんです。写真は視覚化しやすいように、それからアファメーションを思い出すために貼っています」と説明した。そして見事、ほんの二カ月ほどで彼はギターを手にしていた。共同体を訪れた見学者からの思いがけないプレゼントだった。

代表のひとりとして新しい役割に落ち着くまでのあいだ、わたしはピーターが毎日ひらいている訪問者たちとの集いに参加してみた。そして共同体がどのように発展してきたか、とりわけ実現化の法則がそこにどのように役立ってきたか、に注意しながら彼の話を聞いた。ピーターは長身で肩幅が広く、赤ら顔で、ぶ厚いプルオーバーのシャツを着て、いかにも経歴どおりの英国空軍将校らしく、あるいは成功したホテル経営者らしく見えた。そんな彼が近くの海岸に見える灯台のように明るい笑顔で、共同体のすべてが実現化されてきた経緯を語るのだ。毎日おなじエピソードを、彼自身の尽きせぬ活力でなければとても間に合わないほど熱っぽく上機嫌な調子で語っていた。漁師がいかに大物を釣りあげたかを話してきかせるように、あるいはクォーターバックがチームを優勝に導く貴重な得点をあげたときの話をするように、彼の声も喜びでうわずっていた。そして聴衆は力づけられ、自分もピーターくらいポジティブでいられれば、きっと人生に求めるものもあと一回のアファメーションで実現しそうだ、と確信して帰るのだった。

くる日もくる日も、わたしは彼がおなじ話をじつに新鮮に聞かせることに驚嘆した。まるでそのとき初めて語るようで、最初の数週間はわたしもピーターの伝染性の熱っぽさに引き込まれ、自分でも初めて聞くような気がしたものだ。しかし、やがて自分自身の実現化の体験を思いかえしはじめた。そして気づいたのは、長年いろいろと実現化してきたが、ピーターの説明しているような実現化の法則を使ったわけではなかったことだ。

まず最初に、むろんわたしも人生をポジティブな視点から見てはいるが、いつも疑いや怖れ、半信半疑などの思いが心をよぎったとたんに追い出してしまう、という形ではポジティブ思考を実践していなかった。ピーターにとって疑念というものは存在しない。でもわたしにとって、疑念とはかならずしも無力をおぼえさせるような感情ではなく、むしろメッセージであり、目の前の状況について教えてくれる情報のひとつだった。疑いや怖れに支配されたくはないが、それらを無視したくもない。人生の明るくて軽いポジティブな側面だけにいつも意識を集中している、というのはどこかバランスを欠いている気がした。それでは存在の影の側面を認識し、直面する能力を否定することになる。もしわたしが疑いや怖れをいだいているなら、それをしりぞけるのではなくきちんと検証したかった。さもないと、現実のある側面を否定したり、あるいは正直な問いかけや批評と判断の力を抑圧するリスクをおかすことになるのではないか。

同様に、わたしはアファメーションをけっしてもちいない。実現化のテクニックを教える指導者は、よく自分の無意識を「プログラミング」する方法としてアファメーションを紹介する。ちょうど、コンピュータをプログラミングするように。人間の心を生体コンピュータに喩《たと》えるのはどうも好きになれないのだ。頭脳／マインドの現象の生物学的、精神的、霊的な特性をあまりにも単純化したとらえ方だと思う。

ただし、この喩《たと》えはべつの意味ではあながち外れていない。本物のコンピュータのプログラムはその機械のはたらきを具体的かつ強力に方向づけるだけでなく、それを制限もするからだ。もしもコンピュータに文章を書くようなプログラミングをすれば、たとえ自分の伝えたいことは絵にしたほうがコミュニケーションの手段として効果的であっても、絵を描いてはくれない。なにも考えず、ただ特定の実現化のアファメーションを反復することで、それが違う形で実現化する機会を逃してしまうかもしれないのだ。アファメーションは創造性の大切な一部をなす、情熱と注意深い意図設定の代用品になりかねない。

視覚化も、つねにわたしにとっては問題をはらんでいた。聴覚がひとの半分くらいしかない（そして嗅覚はまったくない）わたしは、ずっと視覚に頼って生きてきた。しかし、自己の内面に向かって心の眼を使おうとすると、ものが必ずしも形をとって見えず、むしろ知覚しているもののエッセンスやスピリットを示す、パターンあるいは輝きのように見えるのだ。また、視覚化のため明確で精密なイメージを作ろうとすると、むしろ選択肢を狭めてしまうかもしれない。ほしいものが本当に正確にわかっていたら問題はないだろう。が、ある必要性に対してこれがぴったりだとわかっているつもりでも、しばしば実際は自分の知らないもっといいものがあったりする。あまり特定しすぎてしまうと、自分がよく知っているものにエネルギーを集中しすぎて、そのもっといい実現化が起きるチャンスを減らしてしまうかもしれない。あるいはそれが起きたとしても、期待したのとは違う形なので認識できないかもしれない。つまり想像できる範囲に自分を制限し、既知のものにもとづいた視覚化をする可能性があるということだ。

要するに視覚化、アファメーション、ポジティブ思考などのテクニックは状況によっては有効でパワフルだと思う。しかし同時にわたしの創造性、想像力、実現化の力に制限をくわえてしまうことが判明した。たしかに心のパワーを方向づけることはできるが、ピーターの話を聞くうちに、実現化にはそういったパワーだけでないなにかが働いていると気づきはじめたのだ。もっと深い力が作用しており、その力に波長を合わせることが、この心の技術へのわたし自身のアプローチの中核をなしている。それまでは自分のアプローチを充分に表現しようとか、説明しようと試みたことはなかったが。

実現化の考え方に困難をおぼえたのはわたしだけではなかった。時がたつにつれて、共同体に参加した多くの者にとってもそれが課題となってきた。参加者がどんどん増え、訪問者も数百人におよぶと、さすがのピーターも前のようにひとりひとりと親しく会ってフィンドホーンの話を分かち合うのは物理的に不可能になってきた。かつては十人ほどの小さなグループでピーターとともに共同体の敷地をめぐり歩き、陶芸スタジオ、機織《はたお》り機、オフセット印刷機をそなえた印刷所、食堂、温室、その他あらゆる建物と道具類を見ながら、実現化のエピソードの数々をピーターの口から直接聞いたものだ。百人を越える聴衆が講堂にすわっている状況で、おなじエピソードでも多くの場合その日のホスト役に選ばれた共同体のメンバーが語るのでは、ずいぶん違う体験になる。ピーターの存在には脈うち、響きわたるような何かがあった。活力、無垢さ、確信、そして、信念という底なしの淵に踏み込んで、それでもしっかりと支えられている自分を実感したことのある者の安心感、それらがひとつひとつの物語を、たんなる獲得の記録以上のものに変容させていた。物語はきらめく宝石となって、だれでも頭上にいただくことのできる信頼とゆたかさの王冠を飾ったのだ。

ピーターとアイリーンとドロシーの人生において、重要なのは世俗の財を実現化することではなかった。重要なのは神にすべてをゆだねることだった。各エピソードの底流には、われわれを愛し、抱きしめ、最高の善のみを願ってくれる、そんな宇宙にわれわれはみな住んでいるのだという喜びがあふれていた。そんな宇宙がフィンドホーンの創設者たちにとってはまぎれもない現実だった。二十年にもわたる苦難と修練、努力、苦しみ、信仰の日々をへて、そこへ至る道を勝ち取ったのだから。彼らと言葉をかわし、あるいは話を聞き、あるいはただ一緒にいるだけでも、彼らが物を実現化しているのではないことがわかる。神の愛が存在する状態を実現化しているのだ。彼らはどんな個人的な問題よりも、まず神を最優先することを学んだ。そうしたからこそ、自分たちの必要性が驚嘆すべき形で満たされるようになった。それが体験談の核となる視点だ。

しかし、おなじエピソードが他の者の口から語られると、ただの獲得の神話になってしまう。それでもワクワクするし、すばらしいし、希望を持たせてはくれるが、やはりもっと高次の意義とのつながりは失われ、不思議な出来事と非凡な成りゆきという表面的な物語にとどまりがちだった。

その結果、実現化の法則は魔術のような響きをおびるようになってきた。自分なりに試してみられる生活の技術というより、むしろ従わねばならぬ（さもないと罰があたる）神聖なルールか、もしくは正確におこなえば富をもたらしてくれる、まじないや儀式のようになってしまった。

なぜ自分の実現化はうまくいかないのか、と人々が聞きにくるようになった。ほとんどの場合、ちゃんと話に聞いたピーターやアイリーンやドロシーのやり方とおなじように視覚化し、アファメーションをし、ポジティブな姿勢を保ち、なのになにも起きないという。注いだ努力を数えあげるのを聞きながら、気づいたのは、要するに彼らがテクニックを機械的に実行していたことだった。エネルギーを同調させることや、情熱、魂といった深いレベルとは完全に切り離された、頭脳的なプロセスばかりを追っていた。意味も目的も忘れて儀式をおこなっていた人々だった。そこに形はあってもスピリットは存在しない。

　どんな芸術もそうであるように、実現化のプロセスにも自発性、つまり予期せぬ展開やひらめきの余地を残しておく必要がある。しかし芸術というより魔術のテクニックとして扱われると、柔軟性がなくなる。実現化をめざす者と宇宙のあいだの競争、意志の力くらべになってしまう。本来は恋人たちがたがいに分かちあい与えあう、そのようなものなのに。

　ある週、フィンドホーンのわれわれの課題には、教室に改装する部屋の床にタイルを貼る作業が含まれていた。そのとき共同体にはこの課題に必要な専門技術の持ち主がいなかった。もう作業を始めなければならないという日の前夜、バックパックを背負った中年の男性が共同体をふらりと訪れ、一晩の宿を提供された。翌朝、みなが作業の割り当てを受ける全体ミーティングの席でくだんの男性が自己紹介をし、スコットランドから徒歩旅行をしている最中だと話した。この共同体についてはよい評判を聞いているので、二、三日滞在したいという。職業を聞かれると、なんとタイル貼りのプロだった！

　ピーターはさっそく彼を教室に連れていき、床の状態と貼る予定のタイルを見せた。「ここにいるあいだ、これがきみの仕事だ。タイル職人が必要なところに、ちょうどぴったりのタイミングできみが現われてくれた。つまり、われわれはきみを実現化したんだよ！」そばにいたわたしには、ピーターの頭のなかで、フィンドホーンの壮大なる実現化物語の第何章かが書かれているのが目に浮かぶようだった。

　しかし、作家の意図に反抗する小説の登場人物のように、男性はピーターの顔とタイルを見比べてこう答えた。「たしかにタイル職人が必要なようですね。でも、わたしはここでそんなことはしませんよ。毎日それで生計を立ててるんですから。休暇中は違うことがしたい」

「いや、きみにはわかっていない」とピーターが反論した。「つまりね、実現化の法則とはこういうものだ。われわれはタイル職人を必要とした、そしてタイル職人が共同体にやってくるのをイメージした、だからまさに必要なその日にきみが現われたんだ。きみはわれわれの実現化の賜物だ！」

「いや、違う」と男性は言い張った。「いつまでもこんな仕事を押しつけようとするなら、わたしは帰りますよ！　もっと別のことをするために来たんだ」

「もちろん、タイルを貼ったあとは何をしてもかまわないが、とにかくこのタイルは貼る必要があって、そのために専門知識をもった経験者が必要で、そこに当日きみが現われたんだ。明らかじゃないか。この仕事をする者としてわれわれが実現化したのはきみだ」

「だったら、いま、あんたたちはわたしを非実現化したよ！」そう言い捨てて彼はきびすを返し、出ていってしまった。二度と戻ってはこなかった。あとからピーターとふたりで大笑いしたものだが、残念ながらこの実現化のストーリーはフィンドホーンの歴史において公式記録には含まれずに終わった。

　おそらくもっとも暗い予兆は、組織が大きくなり、比例してニーズも増大するにつれて、みんながあくまでもポジティブに物事を考えるようにしなければ、という微妙なプレッシャーが生まれつつあることだった。ネガティブな考えは、共同体への資源の流れを断ち切るかもしれない邪魔物と見なされた。「ポジティブな」あるいは高揚させるような感情と思考以外はすべて、共同体にとって潜在的に危険なのだ。実現化を止めてしまうから。ときには全体ミーティングで特定の活動プランに異議を唱えたり疑問を投げかけたりした者が、ネガティブなエネルギーを持ち込んでフィンドホーンの目的を妨害するつもりか、とあからさまに非難された。そういう者が「個人攻撃の癖を脱して」ポジティブな考え方をするようにならねば、いっそ出ていくべきだと暗に言われることさえあった。

もちろんどんな共同体においても、このアプローチは統一見解に従わせ、体制順応的な考え方への強制をすすめる危険な一歩である。やがては集団内での自由と創造性を減退させるものだ。最低でも、この姿勢は大量の苦しい気持ちや考えが、表面をおおうポジティブ思考の下に抑圧されることを意味する。共同体の明るい面を強調し、そこにより多くの力を与えるために暗い面が否定されてしまった。人々は暗い想いを表現したくても動きを封じられたように感じ、それが皮肉にも、共同体の仕事を適切におこなう能力や実現化の能力にネガティブな作用をおよぼし始めたのである。

この流れはピーターにも影響しないわけにはいかなかった。彼は共同体にはある程度のポジティブな風潮を設定し、それが何百という訪問者にインスピレーションと希望を与えることを望んでいた。しかし体制順応は望んでいない。そのいっぽうで、人々があまり多くの疑念や怖れを共同体のなかに広め、実現化の力を弱めることも避けたかった。彼にとっては本当に明白で効果的である実現化の法則という考え方が、どういうわけか共同体全体にとってはあいまいになり、誤解されつつあることも認識できていた。

このときわたしはすでに、実現化にはピーターが教えているようなポジティブ思考、視覚化、アファメーションのテクニック以上のなにかが関係しているのではないか、という自分の感覚を伝えてあった。彼も同意し、ではそのより深い領域を探求するような一連の講義を共同体に向けてやってみないか、と挑みかけてきた。「このレクチャーは実現化の『新しい』法則について、と銘打とうじゃないか！」

そんなわけで、実現化に関する自分のとりとめない思いや直感、体験、懸念などをとりまとめ、たんなる魔術や頭脳的テクニックではない心の技術としての実現化が、わたしにとって何を意味するかをついに表現するときが来たのだった。

容易なことではなかったし、二十年以上も前の当時は、まだうまく言葉にならない事柄も多かった。それでもベストを尽くした結果、講義は望んだとおりの効果をあげ、実現化の表面的な理解にもとづいて高まりつつあったプレッシャーを和らげることができたようだ。

一九七三年にわたしがフィンドホーンを離れて合衆国に戻ったあと、そのときの連続講義をまとめた『実現化の法則』という小さな本が出版された。この本はたいへん好評を博し、長年にわたり広範囲で売れた。けれども、わたしはその内容に完全に満足してはいなかった。実現化の技術には、フィンドホーンにいるあいだ自分でもまだ理解できていない次元があるような、またば、すくなくとも自分で望むほどはっきり表現できていない部分があるような気がした。それで結局この本は絶版にし、いつかもっといい本が書けることを期待したのだった。

結局のところ、その後はずいぶん長い年月、自分の生活で探求を続ける以外、実現化という概念についてほとんど扱わずにきた。一九八八年に、ある教会のグループからポジティブ思考と実現化に関する講演を頼まれ、久しぶりにこのテーマについて考えるようになった。その講演で、わたしは本書に含まれる考え方の一端をはじめて紹介した。それから続けて同じテーマのワークショップを開くよう依頼され、やがてインターネット経由で教える実現化のコースを展開するまでになった。これは世界のどこにいようと適切な機器さえあれば、コースを開催しているホスト・コンピュータ・ネットワークを呼び出すことにより受講できる、いわば電子通信教育である。こうした講座を通じて、わたしは本書で分かち合う概念やテクニックをさらに充実させてきた。

本質的には、実現化とは獲得の側面よりも創造の側面、つまり自分自身と自分の世界を作りあげていくことに関する問題だ、というのがわたしの視点だ。それはあらゆる創造物との愛と分かち合いの行為であり、どんな愛の行為もそうであるように、そこには得ることと与えることが同等に存在する。情熱と実在の感覚がなければ、心の通わない獲得のテクニックにすぎない。それでは人生をスピリットでいきいきと輝かせるかわりに、色あせたものにしてしまうだろう。

実現化は信頼の行為でもある。それは魂がみずからを世界に注ぎ込むこと、あたかも漁師が目当ての魚を集めるために網を打つようなものだ。うまく網を打てば、そのたびに必要なものを自分のもとへ運んでくることができるが、その前にまず、われわれは下になにがひそんでいるか知らないまま、深淵にわが身を投げ出さねばならないのだ。

第３章　実現化の宇宙論

わたしの実現化のクラスでは、まず最初に生徒たちにお気に入りの体験談を話してもらう。よく考えてみれば、だれでもひとつは見つかるものだ。これまで一度も実現化なんてしたことはない、と思い込んでいた人でも。あるクラスの参加者、ビルはこんな話をしてくれた。

彼はある年パナマからハワイまで単独航海をおこなった。その途中、もう一隻ボートを作ろうと決心した。伝統的な中国風ジャンク〔ジャンクとは、シナ海付近にある通例三本マストの平底帆船〕の帆をつけた双胴船ならもっと操作が楽になる、と考えたのだ。ただそのような型のボートはたいへん珍しく、どのように建造したらいいか、どんなふうに走行するか、よくわからなかった。マウイ島に着いてから、ビルはやはり双胴船に乗っている、幼いふたりの子供連れの夫婦と仲良くなった。ある日、彼らといっしょにラナイ島の入江まで行ったとき、そこで友人は設計中だというボートの図面を見せてくれた。それがなんと中国風ジャンクの帆をつけた双胴船だった！

できたばかりの友人が自分とおなじようなビジョンを描いており、夢にみたボートの建造に協力を申し出てくれたことはビルにとってすばらしい出来事だったが、その計画には何千時間もの労働が必要になるはずだ。できれば着手する前に、実際にジャンク式帆装のボートに乗ってみて、それが本当に望むものかどうか確認したかった。

翌朝、早起きした彼がお茶をいれていると、なんと小さな中国風ジャンク式帆装のボートが、彼と友人一家の停泊中の入江にすべりこんでくるではないか！　所有者はカリフォルニアの大工で、そのボートも手作りだといい、ビルが本当に作りたいか確認するために一日試乗に連れ出してくれた。夕方戻ってきたときには、彼はジャンク式帆装の双胴船こそ自分の望むボートだと確信し、さっそく建造にとりかかる覚悟をかためていた。

ビルはこんなふうに話を締めくくった。「そのカリフォルニアの人のボートは、ぼくが二年半の航海歴で出会った唯一のジャンク式帆装船だったんです。それも実際にジャンクを体験するにはどうしたらいいか、と解決策を探していた翌朝ですからね。でも、そこからは実現化の奇跡的な部分は背景に引っ込んで、あとは夢を現実にするための三千から四千時間の必死の作業になりました」

ビルの話は意味のある偶然について物語っている。これは共時性（シンクロニシティ）とも呼ばれるが、実現化の別名といってもいい。あなたもきっとこのような偶然を体験したことがあるだろう。いったいどんな宇宙がそんな出来事を可能にしているのか？

最近まで、われわれの文化ではその種の偶然は起きるべきでない、あるいは起きるはずがないという宇宙観を受け入れていた。十九世紀の科学によって記述された時計仕掛けの機械的な宇宙には、実現化や奇跡や魔法のたぐいの居場所はなかった。

幸いなことに、量子的現実、生態学、カオス、複雑系の探究に踏み込んだ現代の科学は、産業化された西洋で今世紀なかばに至るまで受容されていたものとは、だいぶ違う世界のイメージを与えてくれている。

実現化の根底にある原理を探るため、わたしはかなり頻繁にこの新しい科学による宇宙論に言及し、さまざまな喩《たと》えを拝借している。それにはふたつ理由がある。わたしは昔から科学が大好きだった。あきらかに、科学者の父と発明家でエンジニアの祖父をもったせいだろう。「フリーランスの神秘主義者」としての道に踏み出すまでは、分子化学の学位をとろうとしていた。結果的に科学者という職業は選ばなかったが、科学好きはいまも変わらない。

また科学そのものも、物理的な領域と神秘的な領域の関連性にまつわる新たな認識を展開しつつある。ここ二十年のあいだに、神秘家と量子物理学者の世界観の類似について、そしていわゆる「意識の物理学」についての本が大量に書かれている。いまでは、物理学や生物学のメタファーとイメージを使って自分の内なる霊的なビジョンを表現するときも、仲間が多くて心強い。

しかし、だからといって、わたしは実現化の仕組みを量子力学の用語で描写しようと試みているわけではない（ただし物理学者F・デヴィッド・ピートは『シンクロニシティ』〈邦訳、管啓次郎訳、朝日出版社〉でまさにそれを試みている。彼の著書をはじめ、ここで論ずる内容に貢献しているその他の書物は参考文献にまとめてある）。いわゆる「科学的」な説明を試みているわけでもないのだ。実現化の作用する仕組みは、純粋な科学的説明や描写をまったく受けつけないものかもしれない（いや、受けつける可能性もあるが、だとしてもわたしはその提供者にはならない）。

それでも、実現化はわれわれの生きる宇宙の一部だから、それが有効である理由もこの宇宙の構成と、宇宙をつかさどる諸法則に関連しているに違いない。現在の科学がそうした領域についてなにを知っているかを見れば、この現象の背後にある原理に関してなんらかの洞察が得られるかもしれない。

〈場の夢〉

実現化の仕組みは、力（フォース）やエネルギーの場（フィールド）という考えを基礎にしている。うちの書庫にある一冊『すべての固体は空中に溶ける』は、伝統的哲学の見地に対する現代精神の挑戦を扱ったものである。わたしはこのタイトルが大好きだ。とりわけ、われわれの習慣的な世界観に対する挑戦の一端をみごとに捉えている。それは現代物理学によって提示された挑戦で、かつては不変の固体と思われていたものがみな、物質そのものさえ、いまでは粒子・原子などの関係性のパターンおよび多様な蓋然性《がいぜんせい》と力の交錯する場とみなすことができるのだ。

経済学者ジョージ・ギルダーは『マイクロコズム（小宇宙）』（邦訳『未来の覇者――マイクロコズムの世紀』牧野昇監訳、ＮＴＴ出版）のなかでこう書いている。「二十世紀の中心的出来事は物体からの脱却である……精神の力はあらゆる場所で、物の粗暴な力の上に君臨している」。この本の第一章で彼は量子力学の発展とその示唆するものについて簡潔に概観し、量子の領域は情報の領域であるとし、量子の原子を「情報の原子」と呼ぶ。「情報の原子において、この時代は決定的なシンボルを獲得する。かつては空虚な固体だったものが、いまや部分的に情報を運ぶことが明かされる。かつては不活性の粒子だったものが、いまやパターンと蓋然性をおびて輝いている」。そしてこうも述べる。「マクロコズム（大宇宙）からマイクロコズム（小宇宙）への移行は、空虚で不活性な粒子によって構成される物質世界から、情報エネルギーの閃《ひらめ》きにあふれた輝く領域への進化と見ることができる」

パターン、蓋然性、情報の閃《ひらめ》きと情報の原子、力の場、こうした用語は、われわれの文化が百年前に真実と思い込んでいたものとは奇妙なほど異なる宇宙を描きだす。かつて固体だったものはすでに空中に溶けてしまい、いまわれわれは、以前に想像していたよりはるかにエネルギッシュでダイナミックで精神性をもつ宇宙を見ているのだ。それは物質主義のパラダイムも、物質主義の論理にもとづく思考パターンも、現実のほんの表面をかすることしかできない宇宙である。むしろそれらは、われわれがその現実をより深いレベルで見、参加することを妨げる。

力の場のダイナミックな相互作用から生じる宇宙、可能性と情報に満ちあふれた宇宙、というこのイメージはそれ自体が新しいものではないが、量子力学、カオス理論、微生物学、分子生物学、生態学、情報科学、そしてコンピュータ技術などを通じて、われわれは祖先の持たなかったイメージやテクニックをもちいた新しい方法でそれを見ている。もし「場」という単語を「実在」あるいは「魂」に置き換え、「エネルギー」や「力」を「生命」に置き換えれば、実際に古代の神秘主義や密儀の教えによる世界観にかなり近くなる。この観点ではすべてのものが生きており、われわれは不活性物質とではなく生きた存在とあらゆるレベルで相互作用をおこなう、そのような宇宙に住んでいるのだ。

多くの霊的な教えにおいて、すべてのものが生じたおおもとのワンネス〔大いなるひとつの源〕あるいはスピリットのことが語られている。この古代の教えもまた、現代物理学の新しいイメージに通じるものだ。たとえば物理学者デヴィッド・ボームは『全体性と内蔵秩序』（邦訳、井上忠ほか訳、青土社）のなかで、すべてのものが折りたたまれ包みこまれている原初的な状態、すなわち内蔵秩序の存在を論じている。この秩序が全体性で、そこから宇宙がみずからを展開あるいは明示していく。そしてまた、宇宙におけるひとつひとつの要素や物体にこの全体性、内蔵秩序が含まれている。宇宙の総計がわれわれ各自のなかに内蔵されているのだ。

包みこまれた秩序においては、われわれの知っているような時間も空間もない。その深いレベルの全体性において、すべてがすべての一部なのである。この宇宙の記述は量子力学の解釈から来ているが、神秘体験の文献にも見受けられるのとおなじ記述である。

現代物理学や宇宙論では、宇宙はエネルギーと場で構成され、そこから物質が派生している。エネルギーはどのような形態をとることもでき、場はエネルギーを形態に組織化するパターンである。エネルギーも場も単一の状態から発生したものと仮定されているが、それはおそらくボームのいう包みこまれた内蔵秩序のことだろう。ここでわれわれは原初の創造における三位一体に遭遇する。すでにさまざまな宗教的伝統でなじんでいる概念だ。

エネルギーと場が相互に影響しあってシステム（系）、相互関連性のパターン、相互作用、そしてふるまいを生む。われわれの知っているものはすべて、自分自身も含めてなんらかのシステムと見なすことができる。システムとは物体や状態を全体として描写する方法である。

システムによっては、情報やエネルギーを処理する方法により、そのシステム自体が現在の状態を超越し成長して新たなふるまいができるようになっている。適切なエネルギーを与えられれば、システムはパターンを組み替えてみずからを変容させることができる。「自己組織化」するシステムと呼ばれるものだ。すべての生物は自己組織化するシステムだが、この地球も、さらに宇宙もそうである。

システム、特に自己組織化するシステムの研究はダイナミクス、複雑系、カオス数学など新しい科学の発展につながった。これら相互に関連した科学がまた、われわれにダイナミックで相互作用的でたがいにつながった宇宙の姿を見せてくれる。これらの分野から生まれた概念のひとつが「アトラクタ」である。文字どおりの意味は「誘引するもの」になるが、アトラクタは空間のなかの一点でもなければ、磁石のような物でもない。むしろ非物理的な組織化の原理で、いってみればダイナミックなシステムが進化していく先の目的を描写するものだ。その目的が最終的な状態なら、そのアトラクタは「ポイント・アトラクタ」と呼ばれる。もし目的が反復し循環する状態なら「循環アトラクタ」となる。しかし、もしその目的が反復しないパターンで、非直線的で複雑なカオス的パターンであれば、そのアトラクタは「ストレンジ（奇妙な）・アトラクタ」である。

アトラクタの概念は、カオスの内部に複雑な秩序の形態があることを示唆する。それはこれまで見たり描写したりする手段がなかったため、われわれには認識できなかったものだ。

非直線的あるいはカオス的システムは、はじめの状態に大きな影響を受ける。ごくささいな変化が非常に大きな効果を生むこともある。これは「バタフライ効果」として知られるようになった。（名前はこの現象をわかりやすく示すためのたとえ話から来ている。一羽の蝶のはばたきほど小さくて取るに足りないように思えるものが、つぎつぎに雪崩をうつような連鎖反応を呼ぶ可能性があること。たとえば大気の乱れがたがいに作用して増大し、ついには何千マイルも向こうで竜巻きやハリケーンを引き起こすかもしれない。）

科学者たちは研究を重ねた結果、宇宙におけるシステムのほとんどが（特にこの宇宙が依拠しているものは）非直線的でカオス的で、ストレンジ・アトラクタにより定義づけられたシステムであると考えるようになった。そのようなシステムは不確定、つまり未来における動き／ふるまいがあまり正確に予測できない。したがって、予測不能性とカオス性とでたらめさがこの宇宙の核心にあることになる。われわれの生きる宇宙は、あらかじめ決定された時計仕掛けの機械のような場所ではない。ひらめきや出現、新しさ、そして変容に対して扉はつねに開かれているのだ。

そのいっぽうで最新の研究によると、カオス的なシステムはたしかにカオス（混沌）であって本質的に予測不能なものだが、そこに影響をおよぼし、そしてある程度は方向づけることも可能らしい。カオス的なシステムに小さなシステム変化を組み込むと、それがカオス的要素を減少させたり、あるいは新しい指示を与え、望む方向へ軽く押してやることができる。

で、ここまでの話は実現化にとって何を意味するのか？　べつにカオス理論や量子力学の専門家でなくてもこの心の技術は使えるが、重要なのは、実現化が起きる宇宙のビジョンをあらためて描きなおすことである。過去一世紀の科学的世界観は（残念なことにたいていの人々が慣れ親しみ、文化的想像力をはたらかせる際に圧倒的優勢を誇ってきたものだが）この世界を時空によって隔てられた物体と存在がただぎっしりつまった場所、とみなしている。それはたがいに切り離された個々の粒子が、運動の法則、因果の法則など、機械的な決まり事にしたがって相互作用しつつ構成している世界だ。

クリエイティブ・ビジュアライゼーション（創造的視覚化）、ポジティブ思考、繁栄意識などの発想も、そしてある意味では「新思想《ニュー・ソート》」運動とそこから派生したさまざまな思考法もみな、一見どれだけ現代風に映っても、すべてこの古典的な科学における世界観にもとづいている。分離した粒子からなる世界。そうした世界観において実現化という現象は（たとえその存在が受け入れられたとしても）、自分とは切り離された物や人や状態を時空を超えてたぐり寄せる、いわば磁力のようなものと見なされるだろう。実現化という「磁石」が、われわれの心に抱くイメージや信念に対応したものを自分のところへ引き寄せてくるのである。

ここで多くの疑問が生じる。実現化の対象をたぐり寄せるべく時間と空間を超えるというのは、いったいなんの力あるいはエネルギーだろう？　一種の「サイキック」な磁気、いわゆる生体磁気《マグネティズム》というやつだろうか？

さらに、この古典的世界観においては、実現化したいものとはまったく切り離されたところでプロセスが始まる。両者の分離は欠如の意識という形であらわれる。われわれは自分なりの取り組み、創造性、信仰、信念、アファメーション、ポジティブ思考などの力をもって、どうにかして対象との距離と分離という障害を克服しなければならない。精一杯「手を伸ばして」、ほしいものを引き寄せるわけだ。

現代物理学の世界観では、その分離が本当は存在しないかもしれない。われわれと宇宙は精妙かつ重要な形でつながっている。デヴィッド・ボームの「内蔵秩序」の概念を受け入れるとすれば、わたしたちは引き寄せたいと願っているものをすでに得ているることになる。課題はある時空の距離を超えてそれをたぐり寄せることではなく、実現化した対象とともに形成する新たなパターンをいかに解釈し、そこにいかに宿るか、つまりしっくりと落ち着くかという点だ。そのとき実現化はパターン組み替えの問題になり、また適切かつ充分なエネルギーを生み出して、人生を望ましい新たなパターンに再組織化することが問題となる。バタフライ効果の精神でいけば、もしも自分自身の存在というダイナミックな場に、ちょうどぴったりのイメージか想念をちょうどぴったりのタイミングで導入すれば、それは同時に、わたしたちの場が内蔵されている世界というもっと大きな場にも導入され、望む実現化を引き起こすことができるわけである。このダイナミックなシステムにおいて、実現化したいもののイメージが「ストレンジ・アトラクタ」となり、パターン組み替えと組織化の原理として予測不能な未来を特定の姿に形づくってくれる。

このような世界観において、わたしたちは望むものを「獲得する」のではない。そのものに「成る」のである。

場の概念は実現化の宇宙論に基礎を与えてくれる。この基礎の上に六つの関連した概念が存在する。わたしはそれを実現化の六つの柱と呼んでいる。最初の三つは波、相互関係性、共同創造者で、宇宙の構造に関するものだ。場の概念とおなじように、それらが宇宙の本体／身体を反映している。あとの三つはマインド、エッセンス、合一で、その構造に宿り、あるいはその構造を通してみずからを表現しているスピリットをさす。こちらは宇宙の魂を反映している。ここでいう身体と魂は別個のものではなく、ひとつの神秘、すなわち「ただひとつの普遍的創造」の両面をあらわすものだ。

〈第一の柱…波〉

「波がきたぞ！」という叫び声が南カリフォルニアやハワイの浜辺で響けば、それはサーフボードをひっつかんで波に向かって駆け出す合図である。実現化をめざすとき、わたしも波に向かっていく。ただし、それは可能性の波だ。

量子物理学において、宇宙の基本素材（すべてのものを形作っている、原子より小さい物質）は二通りの状態で存在することができる。粒子として、あるいは波として。この基本素材はどちらかの状態だけに限定されることなく、その両方を包含し、どちらの形でも表現することができる「なにか」である。

この「なにか」は描写することができない。われわれはふだんの生活で波には馴染んでいる。サーファーたちをこのうえなく幸せにする大洋の波のように。また粒子にも馴染みはある。リンゴやオレンジ、ピンポンの球、人々といった分散した個々のものだ。しかし、同時にその両方であるような「なにか」はあまり馴染みがない。

粒子は時空における特定の位置を示す。小さなケルト式十字架がわたしの机に置いてある。それが、その十字架の位置である。この机の上と、部屋の向こう側にあるテーブルの上に同時に存在することはない。

いっぽうで波は部屋を満たすことができる。局所化していない。わたしがラジオをつければ、机の上にあるときだけ電波を受信してテーブルの上では受信しない、などということはない。電波はケルト式十字架のようにオフィスの特定の地点にあるわけではないからだ。ラジオを持って歩けばどこでも、たとえオフィスの外に出ても、まだわたしの選局した放送を受信してくれる。

量子物理学では原子未満の物質を「波束」と呼ぶ。この用語は、われわれにはよくわからないけれど、それが波と粒子の混合であることを示している。ただし、この基本素材は「蓋然性《がいぜんせい》」とも呼ばれている。宇宙は蓋然性すなわち潜在的可能性で構成され、波の状態は、それが粒子状態のとき占めるかもしれないあらゆる位置の可能性を含んでいる。

人間は量子的現象ではないが、われわれも原子未満のプロセスで構成されており、そのレベルでは量子的現象だ。（実際、意識そのものが量子的状態で、電子や光子といった量子的現象とおなじ法則に従っているのではないか、と考えるだけの証拠もある。）しかし、もしわたしが自分の状態を具体的に表現するならば、わたしはデイビッド・シュパングラーで、現在アメリカ合衆国の太平洋沿岸北西部のオフィスにすわっていて、結婚しており、四人の子供と一匹のフェレットがいると述べるだろう。

けれども波の状態でいえば、このデイビッド・シュパングラーは、ほとんど無限に近いデイビッド・シュパングラーの可能性のひとつにすぎない。波の状態では多種多様な選択肢と可能性にアクセスできるのだ。なかには確率のスケールでは非常に低いものもあるだろう。たとえばあと数分以内に（あるいは数年以内に、いやこの点に関してはいつでも）突然わたしが合衆国大統領になる、ということはほとんどありそうにない。ただし、その確率をすこしでも高めるためにできることはある。選挙政治に積極的にかかわるとか（それでもたいして高くはならないだろうが！）。それに、たとえ確率がかぎりなく低くゼロに近い場合も、波の状態ではゼロにはならない。（実際わたしはよく、自分が大統領だったらと想像する。もし政権を握ったらどのような政策をとるだろうと考える意味で。）どれだけあり得なさそうでも、そこにはまだ、量子力学の用語でいうと、わが人生のあらゆる可能性を示す波が合衆国大統領になるという現実へ「崩落」していく、という微小の可能性が存在するのだ。

いっぽうで、わたしがあと三時間かそこらはこの机に向かって本書の執筆を続け、それから立ち上がり、ホワイトハウスへの呼び出しではなく、夕食ができたという知らせに応じるであろう可能性のほうがはるかに高い。

それでも、自分の人生が個人の歴史と習慣と純粋に直線的な論理の指示という「粒子」にがんじがらめになってはいない、と認識することが重要だ。波の状態に手をのばし、状況の局所性と特殊性の外へ踏み出すとき、またべつの可能性が開けてくる。意図的に蓋然性の波をもちいて人生を変容させることもできるのだ。それが、とりもなおさず実現化という心の技術である。

同様に、わたしが「粒子」の状態のときは、実現化したいものと分離している。自分はそれを持っていない。だからこそ、それがほしいのだ。しかし、わたしの存在のうち局所的でない波の側面には、その分離がない。わたしの意識は想像力と視覚化のパワーを通じていつでもどこでも望むままに存在できる、という波のような量子のような能力をもつので、大きく広がって実現化したいものを包み込んでしまう。粒子としては分離しているかもしれないが、波としてはすでに「ともにある」。

べつのいい方をしてみよう。わたしの人生のこの瞬間から展開していく蓋然性の波のひとつは、もしそれが特定の形で表現されたなら、わたしが実現化したいと願っているなにかを所有しているか、それと関係性をもっているか、なんらかの形でそれを体験している、という状態を含むだろう。実現化とは、なにもしない場合よりもその可能性の確率をあげる技術である。つまり「可能性の波を現実性の粒子に変容させる技術」ということだ。

波の状態ではすべてが可能だが、粒子の状態ではある特定の瞬間においてひとつかふたつの事柄しか可能でない。わたしが波の意識なら、実現化しようとしている新しい仕事を得ていて、同時に得ていないという状態がありうるが、粒子としては、その仕事を得たか得ないかどちらかだ。実現化の技術では、制限を受け入れ取り組んでいけるようになることも、ゆたかさに波長を合わせられるようになることと同じくらい重要である。粒子の特異性や限定性と、波の無限さの両方を理解し、認めなければならない。

波の状態を理解することの価値は、それによって可能性の領域にアクセスし、なにが可能かという地平線を拡大できるようになることだ。この経験がなければ、わたしは望むような特定の現実のなかに自分自身を思い描くことができないかもしれない。たとえば新しい仕事を本物の可能性として、自分の内側にあるひとつの現実として、また自分の力量ではたすことのできる潜在性として見ることができなければ、人生における特定の具体的な現実として実際にその仕事につく可能性は減ってしまう。おなじように、もしその仕事の特殊性と特異性を人生に受け入れ、あるいは統合し、そこにともなう特定の制限を受け入れることができなければ、やはり実現化のプロセスを妨げてしまいかねない。

〈第二の柱……相互関係性〉

七〇年代から八〇年代にかけて、環境保護団体のあいだで広まった話がある。わたしも最低二冊のエコロジー関連書で読んだが、いずれも著者は出典を明らかにしていないので、たぶんそのあたりは怪しいのだろう。しかし、すくなくともわたしの論点をうまく説明してくれるし、環境学の分野における何百という類似のエピソードを確実に代表するものだ。

それは世界保健機構（WHO）が、ボルネオのとある地方で村々にDDTを散布し、マラリアの根絶を試みていたころの話らしい。この殺虫剤はマラリアを媒介する蚊を絶滅させるためのもので、その目的においては成功だった。住民のマラリア罹患率は劇的に低下した。しかし、そのおなじ時期、疫病の患者数の劇的上昇が見受けられた。また、村のロングハウス（一軒に数家族が同居している共同住宅）が何軒も倒壊した。草ぶきの屋根がバラバラに分解したためだ。

調査で判明したのは、ロングハウスの草ぶき屋根の材料となる草の中に、ある昆虫種が生息していたことだった。通常はその虫が屋根の草を食べ、こんどはその虫がトカゲに食われ、トカゲは村の猫に食われる。この連鎖によって虫もトカゲも生息数が一定に抑えられていた。

薬剤散布のあと屋根の草はＤＤＴまみれになり、それを虫たちが摂取したが、彼らは化学物質の害を受けなかった。しかし、食物連鎖をめぐるにつれてＤＤＴは濃縮されていく。そのため虫（体内にＤＤＴを貯めこんだ状態）を食べたトカゲはやがてＤＤＴ中毒で死に、トカゲを食べた猫たちも死んだ。猫が死ぬにつれて周辺の密林からネズミが村に侵入し、疫病を媒介するノミを持ち込んだ。また天敵のトカゲがいなくなった虫は異常繁殖し、思うさま草を食べつづけてとうとうロングハウスの屋根を壊してしまったのだ。

それまでは虫、トカゲ、猫、ネズミ、家、村人、みんなが相互につながった小さな生態環境の中でともに暮らしていた。ひとつの「システム」内で共存していたのだ。そのシステムの一要素が妨げられたとき、システム全体が最初は予想もしなかったような、しかしあとで考えれば理解できるような形で反応した。

システムの考え方は特に生態学（エコロジー）において明白だ。われわれは特定の環境を構成する個々の動物や植物について考えるのには慣れているが、いまやそうした生物たちと景観との相互作用のパターンをそれ自体ひとつのもの、エコ・システムとして見ることを学んでいる。

エコ・システムを扱うとき、「木を見て森を見ず」の古いことわざは文字どおり真実となる。森はそれ自体が生態系の一単位であり、樹木だけでなくその他多くの動植物で構成されているからだ。したがって、アメリカ太平洋沿岸北西部でマダラフクロウが伐採により生息地を失い、絶滅の危機にあるという議論は、もしもたったひとつの種だけが危険にさらされていると思ったら大間違いかもしれない。マダラフクロウは実際は指標となる種であり、彼らが無事かどうかで森全体のすこやかさと、その森に住み森を「創造」している多くの種の安寧を推し量ることができる。危険にさらされているのはエコ・システムであって、単一の種ではない。

システムの視点は相互関係性の視点でもある。どんなものも、それ自体がシステムであるか、またはなんらかのシステムの一部と見なす。この視点を実現化に応用すると、われわれが実現化しようとしているものは、それ自体ひとつのシステムか、なんらかのシステムの一部であり、それを実現化することによって、こんどは自分自身というシステムの一部にするわけである。言い換えれば、すでにそれ自体の相互関係のネットワークをもっている何かに対して、自分自身の生活を構成している相互関係のネットワークとをたがいに連結しようと招きかけている。この新たな相互関係性が形成されれば、そこに新たな情報、新たなパターン、新たな潜在性、つまり新たなシステムが結果として出現する。

この新たなシステムは予想外の成り行きをともなうかもしれない。たとえば、わたしは昔からボードゲームの熱心な愛好者で、じつは長年ゲーム設計で生活費の一部を稼いできたほどだ。この趣味ゆえに、ゲームの収集もしている。妻がわたしと結婚したとき、まさか同時に数百のゲーム盤が詰まった書庫まで実現化するとは思わなかっただろう（数千冊の蔵書をおさめた図書室のことは言うにおよばず。わたしは読書も好きなのだ！）。

ここにもうひとつ、相互関係性を考慮にいれた全体論的な視点の記述がある。クリストファー・アレクサンダーとサラ・イシカワ、マレー・シルバースタインによる建築学の文献『パターン言語』（邦訳『パタンランゲージによる住宅の建設』中埜博監訳、鹿島出版会）の序文から引用する。

「結局、いかなるパターンも孤立したものではない。どのパターンも、それが埋め込まれたもっと大きなパターンや、周囲を取り巻くおなじサイズのパターンや、その中に埋め込まれているもっと小さなパターンなど、他のパターンにどれほど支えられているか、その度合いだけ世界に存在することができる」

「これが基本的な世界観である。なにかを建てるとき、ただぽつんと孤立した形でそれだけを建てることはできない。同時にまわりの世界や内部の世界を修復し、その場所における広い世界がさらに統一性をもち、より全体的になり、あなたの作るものが自然のネットワークの中にふさわしい位置を占めていけるようにしなければならない」

われわれはみな独自のパターンを持っている。わたしのパターンには、わたしの肉体、記憶、思考と感情、人間関係、住んでいる場所、している仕事、属するシステム、そして究極のワンネスへの参加が含まれる。

パターンとは配線図のようなものだ。それはわたしが人生で形成し、維持している関係性やつながりの性質を描写する。なにかを実現化しようとするたび、わたしは多かれ少なかれ自分のパターンを、つまり相互関係性の総計を変えようとしているのだ（一台のトースターを実現化してもおそらくパターンはあまり変わらないだろうが、結婚相手を実現化したら確実に変わる！）。

この心の技術には、システムやパターンに示される相互関係性を敏感に知覚し、自分のパターンと実現化の対象のパターンが出会ったとき、どのような結果になりうるかを直感的に知ることが含まれる。

〈第三の柱…共同創造者〉

実現化の力は、自分の世界と切り離した形で所有しているものではない。むしろ共有された力だ。あなたの力が増えればわたしの力も増え、逆にあなたが実現化できなくなれば、わたしもその分できなくなる。それが人生の共同創造的な側面のインパクトである。

個々人の選択と自発性は、つねに集団の惰性を超越する力がある。（でなければわれわれは進歩できないし、人類の歴史における偉大な前進の多くは不可能になっていただろう。）しかし、だれひとりとして共通の人間性や世界の状況とは別個に生きてはいない。われわれの属する世界全体がすこやかで、いきいきとして、クリエイティブで、ひらめきに満ちていれば、われわれ自身の創造性やインスピレーション、健康、活力もそれだけ強化される。流れに逆らって泳ぐのと、流れに乗って泳ぐことの違いである。

ひとは逆境にうち克つことができるし、歴史はまさにそれをなしとげた人々の実例にあふれているが、だからといって人間はまわりの情況とは別個のものだとは言えない。環境、社会的状況、共同体、街、近所、民族など、どれも自分を創造してくれるものの一部である。そのすべてが、われわれの身体の延長に含まれる。それらを変えていくこともできるし、願わくはよい方向へ変えたいが、それでも自分と別個のものではない。

われわれは自分を単数扱いで考えることに慣れている。「わたし」には力があり、この「わたし」は単数の存在、すなわち粒子である。しかし、量子の喩《たと》えでいうとわたしは波でもあり、波としてのわたしは層をなして拡大しつづける共同体の一部である。では粒子と波、どちらの部分が実現化の力をもつのか？　わたしの答えは両方、である。両方がともに作用し、全体として力をもつ。もし波を否定したら、その力の一端を削《そ》ぐことになるし、粒子を否定しても、やはり力の一部を削いでしまう。

個人のスピリット、想像力、創造性、意志などをおとしめ弱めるような、つまり粒子を破壊する状況も、あるいは利己心を強め、共同体をそこない、つながりと相互関係性を減少させ、愛を否定する、つまり波を破壊する状況も、すべての人間の実現化のパワーを妨げるようにはたらく。逆に共同体が存在し、おたがいの力を発揮させる行為があり、個人の独自性と価値が評価されるところでは実現化がゆたかに達成される。

共同体の概念はさらに深いレベルまで発展させることができる。それはボームの全体性の概念に通じるもので、われわれは共同創造の宇宙に住まう、という考え方だ。この世のすべては、ほかの何かがあるゆえに存在し、ほかのなにかとの関係性において存在する。それぞれの存在の創造のありようは、その独自の形態と、そこに含まれ実現化される情報と、それを識別させる境界線のみで出来ているわけではない。その創造のありようには、大いなる現実にどう参加しているかを定義づける相互関係性とつながりが含まれる。創造といっても単につくられた物ではなく、それがいかに世界に埋め込まれているかを定義するパターンのことなのだ。だからこそ、それは他者の創造のパターンの一部にもなっている。

たしかに、ひとりひとりが唯一無二の存在だ。わたしとまったくおなじデイビッド・シュパングラーはほかにいない。しかし、わたしを唯一無二にしているのは名前ではなく、肉体的心理的構造でもない。おなじ名前の人はいるかもしれないし（実際に数人いる）、よく似た人も（あるいは気の毒だが似た体格の人も）、似た考え方の人もいるかもしれない。だが、わたしの両親や妻子と、わたしの趣味と、わたしの職業と、わたしの友人と、わたしの環境と、あるいは魂とのいまあるような関係性は、ほかのだれにもない。これらはわたしの独自性の欠かせぬ要素であり、わたしの創造のパターンをなすものだ。これらがわたしの創造なのだ。自分は講師だと言っていても、もし開催している講座にだれも出席せず、書いたものをだれも読んでいなかったら本当に講師と言えるだろうか？　ありがたくも話を聞いてくれる人々がいるおかげで、わたしは講師でいられる。つまり、彼らが講師としてのわたしの現実を共同創造してくれている。

われわれはみな共同創造者である。全員がおたがいを実現化しあい、いやもっと正確にいえば、各自が存在し発展していけるような状況、すなわち存在するための生態環境の総計を作るべく貢献し、また維持しているのだ。

共同創造者によって形成される人間や物の個々のパターンはダイナミックだ。生涯つづく側面もあるし、つかのまの側面もある。両親はもちろんわたしの共同創造者で、生涯わたしの親であ彼らとの実質的な関係性の質は時とともに変わっていくだろうが、わたし自身というパターンの一部はつねに彼らによって占められる。そのいっぽう、特定の仕事や居住地は、ほんの短期間しかわたしのパターンに含まれないかもしれない。引っ越したり新しい仕事を引き受けたりすれば、関係性は変化する。新しい共同創造者たちがパターンに入ってくる。

では、物体は共同創造者として作用しうるか？　自分がどんな人間でどんなことをしているかを定義づけ、なんらかの形で自分の言動を形作り、そこに影響を与えているならば、答えはイエスだ。ＴＶ番組の『オール・イン・ザ・ファミリー』の主人公、アーチー・バンカーの椅子を覚えているだろうか？　あれは神聖不可侵だった。アーチーの言動はしばしばあの椅子を中心としていた。あまりにも彼自身と同化していたので、のちにスミソニアン博物館にアメリカ文化の象徴「パパの椅子」として展示されたほどだ。

生命をもたない物体であっても、それとの関係性が神聖なものなら共同創造が作用する。全世界のキリスト教徒がうやうやしく使っている、各種の十字架を考えてみるといい。ある物体の機能がわれわれの生活を変え、ある意味それに依存するようになった場合も共同創造になりうる。コンピュータや自動車の共同創造的な力を考えればよくわかる。

なにかを実現化したいとき、われわれはそれと自分が形成する共同創造的な関係性に目を向けることになる。つまるところ、それを実現化するのだから。物や人ではなく、その物や人が自分自身と形成していくパターンを。

〈第四の柱…マインド〉

ジムは肺ガンと診断され、あと五カ月の命だと宣告された。宣告を受け入れた彼は、死の準備として身辺整理を始めた。そんなある日、駐車スペースを見つけたいときは、自分にとって必要な場所にちょうどそれがあることをイメージすればいい、という話を友人から聞いた。ばかばかしいと思ったが、地元のダウンタウンに車で出かけたおりに試してみた。驚いたことに、うまくいった。やがて本当にいつでもどこでも、渋滞のピーク時のいちばん混み合った地区でさえ駐車スペースを実現化できることがわかった。ジムはその体験によって、自分の想像力とマインドとスピリットのもつ創造性のパワーにどれだけの可能性が秘められているかを、信じる気になった。駐車スペースが実現化できるなら、もっと重要なもの、たとえば健康はどうだろう？　そこで健康な肺を実現化すべく取り組むことにした。そして成功した。二十年前の話である。彼はいまも元気いっぱいで、ガンは完全に緩解《かんかい》している。

ジムの話は劇的だが、ほかに例を見ないものではない。意識の力が物理的な健康状態に作用することはよく知られているが、精神神経免疫学（精神的感情的な状態が身体全体におよぼす影響を、特に神経系や免疫系に関して研究する分野）や、スポーツ、ビジネス、教育の分野でパフォーマンス向上のためもちいられるイメージや視覚化についての最近の研究により、この力が思いのほか包括的であることがわかってきた。フランスの哲学者で数学者のルネ・デカルトの遺産である心と物質の区分や境界線は、われわれが教わったよりはるかに通り抜けやすく重なりあった（そして分離と制限のはるかにゆるい）ものだった。

もうひとりの友人キャロラインは、ある調査に被験者として参加した。腕の皮膚のすぐ下に刺激性の薬品を注射すると、薬品の種類によってアレルギー反応が起き、いぼのような突起など、なんらかの症状が皮膚にあらわれる。それから被験者は、祈り、瞑想、イメージ、集中、視覚化など、好きなテクニックをもちいてその症状をなくすよう指示される。キャロラインも他の被験者も、患部に気持ちを集中させて症状が消え去るよう望むことにより、患部を治すことができた。どのテクニックを使うかは関係ないようだった。鍵となる要素は心を方向づけ、フォーカスさせることだった。実際、調査プロジェクトが終了するころには、キャロラインは純粋に想念だけで腕にこぶを出現させたり消失させたりする能力を身につけてしまった。

われわれの物質主義的・機械的な文化では、心や意識ははかないもの、物質が生み出す現象にすぎないと教えられる。しかし神秘主義や秘教の伝統ではその逆になる。すべての物質は意識の投影であり、現実は想念によって作られると彼らはいう。ある意味ではどちらの見方も正しい。物質も心も、もっとべつのもの、つまり存在の普遍的な「場」ともいえる原初的な素材とプロセスの反映、またはその側面であるという点で似ているからだ。この「場」において内的置換と相互作用が起きるとき、その原初的な状態の心が物質へ、そして物質が心へと変容し、また元に戻ったりする。宇宙を維持し創造するエネルギーはここで生成されるのだ。

このイメージには、心／マインドがすべてに浸透しているという意が含まれている。すべてが心であり、心に参加し、心を表現し、心によってつながっている。ただし、この言い方には説明が必要だ。この原初的な状態の心は、われわれが通常「心／マインド」と呼んでいるものよりずっと大きな存在だ。あなたやわたしがものを考えるように宇宙も考える、というのはあまりにも単純化しすぎで、人間という小さなものの経験を、もっと大きくてすべてを含む完全な宇宙に勝手に投影しているにすぎない。われわれの心は原初の宇宙心の反映であって、そのままの描写ではない。

われわれはよく「マインド」という言葉をたんに「思考」あるいは「知性」の意味で使い、自分個人のマインドは他のあらゆるマインドとは切り離されたものと考えがちだ。そう考えると実現化は、自分のマインドの力によって他者のマインドに影響をおよぼすプロセスのように思えるかもしれない。

しかし、われわれのマインドはたんなる頭脳的な内容と合理的知性のプロセスではない。キャロラインが学んだように、そこには身体機能とりわけ神経系、内分泌系、免疫系の機能が含まれている。実際は身体のあらゆる側面がマインドの現象に起因する。形態学的組成、つまり体格もそうだ。またマインドには世界との関係性も含まれる。それはわれわれの記憶であり、遺伝子コードであり、祖先、文化的アイデンティティ、未来への夢、他の生物種と、そして地球全体とのつながりなのだ。

さらに宇宙はひとつの統合された全体であり、マインドはその全体性を反映する。マインドは「非局所的」現象で、脳や肉体のように決まった場所に限定されない。人類学者でサイバネティクスの専門家グレゴリー・ベイトソンが指摘したように、マインドはパターンだ。それはつながりを作るパターンであり、関係性のなかに存在する。われわれの内部のみならず、われわれのあいだの空間にも見いだされる。だから「わたしのマインド」と述べてはいても、同時に「われわれのマインド」という側面もあり、またベイトソンが古典的名著『精神と自然』（邦訳、佐藤良明訳、新思索社）で論じているように、自然と大宇宙の一部にもなっている。つまりマインドは、宇宙を構成する相互関係性すべてのパターンという、原初的で結合的な場から展開し、それを反映するものなのだ。

　だから、わたしは実現化を「精神が物質に勝つ」現象のように描写することには抵抗感をおぼえる。マインドはみずから参加する現象であって、かならずしも支配したり優位に立つことを意味しない。マインドが物質に「勝つ」わけではないし、物質もマインドに「勝つ」わけではない。形態とパターンが生まれては消えゆく宇宙のダンスのなかで、それぞれが相手を形づくり、相手に影響しているのである。

　実現化は内側からそれらのパターンを変容させる技術だ。関係性と相互関連性のネットワークを再パターン化し、変化させ、微調整する。そしてマインドと物質という古いパートナーが宇宙の舞踏会で新しいダンスを踊れるように、あるいはすくなくともわれわれの人生の居間を踊りぬけられるように、新しい曲を創造する技術なのだ。

〈第五の柱…エッセンス〉

わたしは七歳のころ、北アフリカのモロッコのアメリカ空軍基地で両親と暮らしていた。カサブランカにわりと近かったので、ある日、一家で買い物がてら市街へ遊びに行った。わたしは車の後部座席にすわり、道ばたの用水路でアラブの女性たちが洗濯をしている様子を窓越しに眺めていた。すると突然、自分の身体が風船のように膨らまされるような、奇妙な、しかし不快ではない感覚をおぼえた。それがなにかよく調べてこわがるべきかを判断する前に、気がつくと自分が身体から抜け出し、上空から車を見おろしていることに気づいた。X線のように屋根を透かして車内が見えた。母と父と、まだ窓の外を眺めているわたし自身がそこにいる！

つぎの瞬間、車が消えた。わたしはまばゆい光に包まれ、それがさまざまなイメージとパノラマにとってかわり、最後は宇宙空間を漂いながら、らせん状にカーブした天の川の銀河を見おろしているビジョンだった。宇宙全体があたたかい黄金色の光に満たされ、銀河そのものが生命に脈打ち、わたしはそれと完全に一体だと感じた。デイビッド・シュパングラーであるという感覚はまるでなく、ただ自分は生命だ、宇宙のすみずみまであまねく広がる生命だと感じた。

ずいぶん長い時間その合一感を味わい、恍惚とした喜びに満ちていた気がする。それからこんどはプロセスが逆になった。ふたたびデイビッドに戻り、自分自身がものすごい勢いで地球に近づいていくのが見えた。つぎの瞬間、わたしはまた車の窓から外を見ていた。まるで永遠に近い時が流れたかに思えたが、車はほとんど進んでいなかったので、その体験が時計の針でいえばほんの数秒間に起きたことがわかった。

　この体験以来わたしは、物理的な世界を超えた非物理的、霊的な世界があるという意識をもつようになった。そのような内なる領域はまだ科学の対象になっていないが、つねに神秘学や秘教の伝統には含まれてきた。そうした伝統では、われわれがみな形而上学的な二重生活を送っていることを認めている。つまり同時に複数の次元に生きているのだ。われわれは物理的な存在だが、同時に、物理次元を包含し超越した霊的現実の住人でもある。

　われわれの中の、その霊的次元に生きる側面はスピリット、魂など多くの名前を与えられてきた。実現化の文脈において、わたしはそれをエッセンスと呼ぶ。エッセンスの概念はわたし自身の内的体験の反映であり、また、すべてのものに内なる本質があることを教えるさまざまな神秘学、シャーマニズムの反映でもある。このエッセンスはエネルギーの場のようなものだ。あるものと別のものを、たとえ形態やふるまいが似て見えたとしても識別させてくれる特定の質である。アイデンティティの核心ともいえる。

　自分とおなじ人間ならエッセンスをイメージするのはたやすい。自分自身の個人的主観によって推定すればいい。しかしシャーマン的傾向がないかぎり、椅子や自動車にそのような理解をあてはめることは困難かもしれない。椅子にも独自の内的状態がある、というのは明らかにばかげた話に聞こえる。それでもわたしは椅子の「エネルギー」なら想像できる。人間の手で作られたものであれ、自然にできたものであれ、多くの物体がたいへん魅力的な美と優雅さとカリスマを漂わせている。それは形によるかもしれないし、作られた過程や機能性によるのかもしれない。まともなサイキックならみな、物体にもそれを作ったり、所有したり、使ったりした人々のエネルギーが吹き込まれていると言うだろう。たとえば、カトリックで本式のミサをとりおこなうために使用される十字架や聖杯のエネルギー状態、あるいはエッセンスを考えてみるといい。それらはふつうの物とはみなされず、神聖な儀式的用途にふさわしい神秘（というエネルギーの場）が注入されている。

ただわたしの経験からいうと、使用法や連想によって吹き込まれた質やエネルギーを越えたところにも、エッセンスすなわち非物理的エネルギーの質が存在する。それはすべてのものの内部にあり、環境からでなくそれ自体の内的性質から生まれる存在感である。

実現化したいもののエッセンスに波長を合わせるひとつの方法は、その独自性を考えることだ。たとえば、それは他の似た物とはどう違うのか？　その独自性がわたしの人生に入ってきて、インパクトを与えることになる。理想の家を手にいれるのではなく、それなりの特異性や癖をもつ特定の家を手にいれるのだ。あるタイプの典型的な女性と結婚するのではなく、個性をもった特定の女性と結婚するのだ。

エッセンスに同調することは、われわれのあらゆる部分について違いと個性と独自性を認識し、尊重することにつながる。マインドはカテゴリーをもうけてすべてを分類しようとするが、人生はこちらの先入観にはまったく合致しないような、他に類を見ない物や人（彼ら自身がひとつのカテゴリーになるような）を作ってくれることを思い出させてくれる。実現化を成功させるには、想像とは違ったものも人生に受け入れ、違いに対して心を開き、尊重することが必要だ。

わたしにとって、自分の世界に存在する物体の内なるエッセンスとは喩《たと》え話ではなく、とても現実的で具体的な体験である。それはすべてのものにある、オーラまたは光の放射のようなものだ。なにかを実現化しようとするとき、わたしはそのオーラを人生に引き寄せ、自分のオーラと相互作用させる。物体のエッセンスやエネルギーに同調し、認識できるようになることで、われわれの世界に対する感受性は拡大され、自分は好き勝手に使える死んだ物たちの置き場に住んでいるのではなく、関係性の大洋を創造し、そこに住んでいるのだ、という事実がさらにきわだってくる。

〈第六の柱…合一〉

一九八九年のクリスマス直前、わたしは家族といっしょにあるコンサートに参加した。シアトルのティクル・トゥーン・タイフーンという、子供だけのすばらしい楽団が演奏するイベントである。わたしたちの役目は羽や触角を身につけて、『ハグ・バグ（抱き虫）』という曲が始まったら舞台裏から駆け出し、聴衆のあいだを移動しつつ片っ端から抱きしめることだった。これはたいしたリハーサルも必要ないので、すこし舞台裏で自由な時間ができた。ちょうど、わたしはクリスマス・プレゼントにしたいある玩具が見つからなくて、数日そのことばかり考えていた。シアトルにその玩具を置いていそうな専門店が一軒あることを知っていたので、公衆電話から問い合わせてみることにした。わたしがコインを投入しようとした瞬間、その電話が鳴った。思わず受話器をとった。

「もしもし？」女性の声が聞こえた。

「もしもし」とわたしは答えた。「どなたですか？」

「ホビーショップ、アメリカン・イーグルスです」なんと、電話をかけようとしていた当の店だった！「いま、そちらにかけるところだったんですよ！」わたしは仰天して叫んだ。

「本当ですか？」女性が答えた。「おかしいわ。こちらも電話が鳴った気がして。でもなにも聞こえないので切ろうとしたら、あなたの声がしたんですよ！」

信じられない偶然だった。わたしが舞台裏にいた三十分かそこらのあいだ、だれもその電話を使っていないし、兵器類のプラモデルや戦争ゲームを専門に扱うその店にほかの親や子供が電話する可能性はたいへん低い。しかもあれは公衆電話で、わたしはまだコインを入れていなかった。入れようとしたら電話が鳴ったのだ。先方の女性もダイヤルしていない。鳴ったと思って受話器をとっただけだ。

この出来事は偶然だが、「意味ある」偶然といえる。特定のホビーショップに電話しようという、わたしの特定の想念に呼応している。そのような意味ある偶然を、カール・ユングは共時性（シンクロニシティ）と呼んだ。わたしは実現化とは、制御された、あるいは喚起された共時性だと考えている。

共時性は、宇宙のあらゆる実現化の内部または下部にひそむ、基礎的な秩序やパターンが外に向かって表現されたものだ。それは万物の基本的統一性、相互関連性、相互関係性、共同創造性の表現である。共時性が可能になるのは、通常は物体と出来事をへだてている時間と空間の次元が、もっと深い相互浸透と相互作用のパターンに包含されたためだ。そこでまた、この章のはじめにふれた、デヴィッド・ボームのいう内蔵あるいは内包された秩序という原初の状態に話が戻る。

ところで、ホピーショップからの不思議な電話のエピソードは共時性のすばらしい実例だが、結局あまりいい実現化の例ではなかった。わたしの探していたプラモデルは店になかったのだ！

〈実現化の宇宙〉

実現化が可能なのは、われわれの生きる宇宙が、もっとも深いレベルでは原初的合一状態から展開する関係性で成り立っているからだ。あらゆるものが独自のやり方で展開するが、すべてが一体であった状態とのつながりは保っている。どんなものも、おなじように展開しつつある他の存在との関係性に助けられて展開していく。われわれはみな、ある意味でおたがいの共同創造者なのだ。

われわれは「持つ」「所有する」というふうに考える。自分の環境のなかの物や人は自分のものだと。しかしそういった物も人もすべて、われわれの創造というパターン、「大いなる身体」の一部である。それらは自分の身体の延長であり、われわれという存在の独自性と表現にとっては物理的肉体とおなじくらい重要だ。われわれは自分の所有物や関係性によって定義され、拡大され、制限され、構成されている。それらが形而上学的な「皮膚」を形成し、自分の境界線がどこにあり、どんなものかをつねに決定している。

したがって何かを、あるいはだれかを実現化するとき、われわれはその境界線に影響をおよぼしている。その「皮膚」を伸ばしたり縮めたり、なんらかの形で変化させている。自分自身を創造しつつ、共同創造的な延長によって残りの世界もまた創造しているのだ。それゆえに、すべての実現化は獲得行為に見せかけた共同創造の行為である。

実現化をたんなる獲得と考えれば、自分が世界とは切り離されており、所有している物とも別個の存在だという視点が保てる。どちらに対しても優位の立場がとれる。しかし創造と関係性の視点から考え、認識することを学ぶと、自分のことを生命との共同創造のダンスに参加する者、すなわち完全に主体でも客体でもなく、光が波／粒子の二重性をもつように、どちらの要素もすこしずつ持ちつつ、どちらよりも大きな存在として見るようになる。

実現化は参加の行為、深化の行為である。世界という共同体と霊的交流のなかに深く入っていけばいくほど、実現化はうまく作用してくれる。つまり実現化は、愛、思いやり、いたわり、励まし、違いを尊重することなど、通常の人間関係を深め、ゆたかにしてくれるさまざまな資質の表現でもあるということだ。

物理学者と神秘主義者の世界はどんどん近づいている。融合するかどうかはわからないが、たとえ平行線であっても、どちらも時計仕掛けの機械的な、あるいは物質主義的な宇宙より、もっと一体で、相互作用的で、相互依存的で、自発参加的で、エコロジカルな宇宙を指し示している。実現化を、マインドの磁力と影響力を行使して環境を屈服させる方法と見なすのは、いつまでも古いパラダイムにとらわれている証拠だ。

むしろ六つの柱が示すように、自分たちを共同創造者、実現化のパートナーと見なさねばならない。みな、発展と出現の原初的行為にたずさわる者同士なのだ。実現化の行為はそれぞれ特定の結果に向けられたものかもしれないが、それはわれわれ全員のふるさとである原初の源の完全性、愛、共感、創造性を実現化するという偉大な行為に寄与することでもある。

そしてもうひとつ、重要なポイントがある。実現化の対象というとき、ふつうは物や人、機会、資源などを考える。しかしいったん人生の一部になってしまえば、それは自分と呼ぶパターンの一側面となる。物理的には分離しているかもしれないが、自分を定義づける環境的、物理的、心理的、霊的なパターン全体の一部をなしている。それは内面の状態と現実を外的に反映するものだ。

どんな実現化の行為も、本当は自分の新しい側面を実現化しているにすぎない。みずからの人生に新たな姿を与えている。自分自身が、実現化のおもな対象なのである。

第4章　奇跡のエネルギー

ある日、妻の妹のメリリーが電話をかけてきて、たまたまネイティブ・アメリカンのシャーマン式のヒーリングについて調べている、という話題が出た。実際にシャーマンによるヒーリングとカウンセリングの訓練を受けた女性に会ってみたところ、あなたの能力、才能、課題を示す守護動物《トーテム・アニマル》はヘラジカだと言われたらしい。特にパワーと癒しをもたらしてくれる意味で強い助けになるだろう、と。残念なことにメリリーはヘラジカとはなんのつながりも感じられず、どうしたらいいものかと悩んでいたのだった。

その電話の翌日、わたしの同僚が訪ねてきた。ニューメキシコで一週間ネイティブ・アメリカンの呪術医《メディスン・ピープル》のインタビューをしてきた帰りに立ち寄ったという。荷物をほどきながら、彼は布にくるんだ細長い物を取り出し、「ちょっと面白い経緯があってね」と中身をひろげて見せた。曲がった形の乾いた骨だった。「ここへ来るための飛行機に乗り込む直前に、ずっと話を聞いていた男性がくれたんだ。ヘラジカのあばら骨さ。ヘラジカの精霊と波長を合わせるのに使われてきた物だ。なぜかわからないが、ぼくが持っているべきだと思ったらしい。それで持ってきたんだが」

わたしはさっそく義妹の電話のことを話した。「じゃ、あきらかにこれは彼女のためだな」と彼は言い、つぎの日めでたくヘラジカの骨は宅配便で義妹のもとへ送られた。

これは、ただ自然に起きた実現化である。準備もなく、テクニックも使わず、なにかを実現化しようという意識的な努力さえなかった（もしあったとしても、ヘラジカの骨などという発想が彼女の頭にいきなりパッと浮かんだとは思えない！）。義妹はただ、どうすればヘラジカの精霊とのつながりを強めることができるだろうか、という問いかけを発しただけだった。

もうひとつエピソードがある。ビビエンヌは幼い息子を連れて、スコットランドのアイオナ島に避暑に出かけた。昔から霊的巡礼の地としてゆたかなスピリットと歴史に彩られた場所である。海辺の小さな家を使わせてもらうことになり、彼女の息子はそこで出会った友だちと毎日のように砂丘で遊んでいた。

ビビエンヌは子育ての方針として、息子に暴力的なおもちゃは与えないようにしていた。だからティモシーはどんなに懇願してもおもちゃの銃は買ってもらえない（それでも、そのへんで見つけた棒切れなどで銃を作ることは止められなかったが）。

現地での三日目、ティモシーと友だちはいつものように砂丘へ遊びにいった。砂利と砂と土の混じった小高い峰の上を走っていたティモシーは、木の根に足をとられて砂丘を転がり落ちてしまった。幸い怪我はなかったが、砂丘の側面に掘られたウサギの巣穴のあとに手を突っ込んでいた。そのまま寝ころんで息をととのえているうちに、指がなにか固い面白そうなものに触れているることに気づいた。友だちを呼んでいっしょに穴を掘ってみると、なんと、だれかの隠したおもちゃのライフルが二丁も出てきてふたりは狂喜した！

興奮した少年たちはビビエンヌに発見を伝えた。「見てママ、ぼくが実現化したんだよ！」のちに彼女は笑いながらわたしに言ったものだ。「どう答えるべきだったのかしら？　ずっと実現化のことを教えてきたら、おもちゃの銃を見つけちゃうんですもの！　返してきなさいとはどうしても言えなかったわ！」そこで、ふたりは掘り出した宝物で二週間楽しく浜辺で遊び、家に帰る日がくると、見つけた元の穴におもちゃを丁寧に埋め戻したという。

〈偶然と奇跡〉

どちらの話も偶然を示すもので、偶然とは無意識あるいは非意図的な実現化のことだ。関係者にとってはちょっとした奇跡であり、自分が森羅万象と精妙かつすばらしい形でつながっていることを肯定してくれる体験だ。このつながりを感じると、人生においてもパワーを取り戻したように感じられる。まるで、すごい額の銀行預金から支払いのできるクレジットカードを発見したように。

すべての偶然がこの二例のようにめざましいものではない。大部分はもっと普通のありふれた出来事だ。友人のことを考えたら、つぎの瞬間、思いがけずその友人から電話がかかってくる。店に入っていくと、妻のプレゼントにぴったりのイヤリングが陳列してある。予想外の請求書が郵送されてきたが、ちょうどそれを支払えるだけの保険金が、おなじくらい予想外に振り込まれる。駐車スペースを探していたら、ちょうど路上駐車していた車が走りだす。

その手の体験は実際あまりにもありふれているので、われわれはおそらくその大半を見過ごし、たとえそのことを考えるにしても、たんなる「幸運」と分類するだろう。

だが偶然はどれも、奇跡の遠い親戚のようなものだ。どちらもわれわれの現実を大なり小なり変化させる神秘をあらわしている。奇跡も偶然もすばらしい。英語の wonderful（すばらしい）

はwonder（驚異）にfull（満ちている）の意だ。（実際「奇跡」＝miracleという英語もラテン語の「すばらしい」＝mirusが語源になっている。）

　わたしは人生そのものが、奇跡を「重要な」ものと「ささいな」ものに区分けしているとは思わない。ほんのちっぽけな奇跡、一瞬の偶然や共時性でさえ、われわれをまったく新しい考え方と行動様式に導き、それが人生を変容させるほどの効果をもつ可能性はある。前章のジムの話を覚えているだろうか？　駐車スペースを実現化する、というごく単純でありふれたことが、彼のガンの奇跡的治癒につながる鍵となった。

　偶然、共時性、実現化、奇跡などがもたらしうる「つながり」の感覚はわれわれを拡大する。世界に対する知覚を拡大し、ものごとの表面的な姿を越えたところに横たわる現実をさらに深く見すえることを可能にする。そのような知覚は自分の世界における人や物と、またその背後にあるスピリットとつながり、波長を合わせようとする意志と能力を高めてくれる。それはわれわれの人生に喜びに満ちた、変容をうながすような創造性のエネルギーを放出する。そのとき自分はどんな人間で、この世界のためにどんな役割をはたすか、という感覚が永久に変わってしまうかもしれない。

　それでも疑問は残る。なぜそのようなことが起きるのか？　宇宙の気まぐれか？　神の好意、善行へのご褒美か？　万物の自己組織的、パターン的、全体的、創発的な性質の表現か？　はたまた人間の内にひそむなんらかのオカルト・パワーか？　たんなる運か？

　大小の奇跡を生むような、特定のエネルギーか状態があるのだろうか？　もしそうなら、実現化という心の技術に利用したいのはそんなエネルギーではなかろうか？

〈実現化の源を探る〉

実現化に関するわたしの理解と教えは、理論より経験にもとづいている。それは偶然や共時性が起きたときに注意を払い、自分の身体はそれを実際どんなふうに感じているか、自己という存在のもっと精妙な領域ではどう感じているかを調べる、という単純な方法による。実現化が起きている最中、あるいは起きたあとどうなるかに注意を向け、こんどはその再現を試みるのだ。

これをわかりやすく示すために、あとふたつ実現化のエピソードを挙げよう。

あるとき、わたしはシアトルから車で帰ろうとしていた。順調とはいえない一日だった。朝からいらいらしていたのに、その後も自分では気分転換の努力をなにひとつしなかった。それどころか機嫌はどんどん悪くなり、帰途につくころには完全に頭にきて、文句なしの激怒の瞬間を楽しみ、むしろ小気味良いほどの怒りに浸っていた。

ベルビュー市およびその東側のわたしの住んでいる地区と、シアトル市をへだてるワシントン湖の橋を渡りながら、独り言が口をついて出た。「本当に腹が立つ、ガラスだって割れそうな気分だ！」そして自分がものすごく愉快げに、ハンマーでガラス板を粉砕している様子を心に思い描いた。

その瞬間ガシャーンという大きな音がして、車のフロントガラスがひび割れた。こなごなに砕ける寸前だった。わたしがガラスを割ることを考えたまさにその瞬間、ちょうど通過したトラックがけっこう大きな石を跳ね上げ、それがこちらのウィンドウに激突したのだ。ショックで怒りはどこかへ消えてしまった。そのあとフロントガラス全体に広がるクモの巣状のひび割れを眺めていたら、なんだか笑いがこみ上げてきた。この実現化は自分の好みからすると、あまりにも文字どおり起きすぎた！

実現化はよく、われわれの想念が現実を創る、という言い方で説明される。旧約聖書の「箴言」にも簡潔に述べられている。「彼が心に想うとおり、彼はなるであろう」

この体験で壊れたフロントガラスは、たしかに石が当たった瞬間わたしの抱いていた想念に対応している。イメージの明瞭さとその背後にある怒りのエネルギーが、想像と現実をへだてるバリアを超越したのだ。わたしの考えが、たしかにわたしの現実を創ったらしい。

しかし、われわれが想念によって自分の現実を創っている、という観念はやや単純すぎるとわたしはずっと思っていた。その意味ではどんな考えが効果的なのか？　だれもが体験しているような、日々泡のごとく生まれては消えるイメージや想念のことか？　意識の流れに現実の重い歯車を動かす力があるのだろうか？

想念に強い感情をプラスしたものがそれか？　ふだんは憤怒にかられやすいタイプでないわたしも、たしかに相応の体験をした。仕上げに大荒れの暴力をふるう激烈な想念まで抱いたが、そうした想念はどれも現実にはならなかった（ありがたや！）。実際わたしの現実が、自分でただ考えたことや、たまたま感じている強い感情にそのまま従うことはまれである。

これはいいことだ。ふつうの一日に自分の頭をよぎるイメージ、怖れ、心配、願望、白昼夢、空想、感情、想念の数々を考えてみるといい。たいした壮観だ。それらすべてが現実に置き換えられることを望むだろうか？　ではふつうでない日はどうだろう。ひときわストレスとプレッシャーのきつい日は？　わたし個人としては、日常的な想念がすくなくとも直接には、現実を創ったり形づくる力を持たないことに感謝している。

その日の晩、わたしは壊れたフロントガラスの体験について瞑想し、さらに深い理解をもとめた。べつに隠された意味を見いだそうとしたわけではない。メッセージの内容はかなり明確に理解しているつもりだった。自分の気分に注意を払いなさい、実際に想念が出来事に影響をおよぼす場合もあるのだから、というものだ。特に、わたしのように実現化の力に波長を合わせるべく取り組んできた者には、これがあてはまる。

そこでぜひとも再検討したかったのは、石が当たる直前と当たった瞬間に、自分の内側でなにが起きていたかである。そして、シフトの感覚があったことに気づいた。あたかも一瞬、自分がふたつの現実に同時に住んでいるような、次元のない一点にすべてが収束したような、特異な感じがあったのだ。それは明晰でフォーカスされた感じ、具体的ななにかではなく、ただ純粋に存在するという感覚だった。

ほんの何分の一秒かのあいだ、わたしの現実感はまるごと強められ、そしてゆるめられていた。ふだんよりエネルギーに満ちた状態になっていたのだ。それも怒りその他の感情ではなく、むしろ非常に喜ばしく楽しい原初的なエネルギーにあふれていた。怒りの瞬間のただなかに喜びと遊び心を見つけるとは、まったく驚きだった。

瞑想しながらその感覚をさらに追っていくうちに、思い出した。ちょうど橋にさしかかったとき、自分が怒っていて、でも本当はそれだけの理由はなく、いやな気分になることをみずから許し、その日の出来事をいちいち腹立たしく気に入らないことと解釈していただけだと充分に自覚しつつ、ひとつの選択肢を感じたのだ。たいして深いところに根ざした怒りではないので、手放すことができるのはわかっていた。でも、そのまま続けてもいい。結果として後者を選んだわけだが、いままでは怒りが一種の遊びのように感じられた。その激しさは変わらないが、質が変化した。選択したうえで怒っていたのだ。それを体験するために、あえて怒っていた。そこからどんなイメージが出てくるか、見ることに喜びの感覚をおぼえていた。まわりの環境における何かや誰かではなく、自分自身がその源だと認識し、独特の遊び感覚をもって怒りを所有していた。ハンマーを振り上げ、積み重なったガラスにくりかえし叩きつけるイメージには、すばらしい力強さと解放感があり、そのときなにかがシフトした。目に見えない波が身体を通過するように感じた。ガラスを割っている現実と、車を運転している現実が一瞬だけ共存したかに思え、そして石が当たり、フロントガラスがひび割れ、現実はふたたび通常の固く安定した性質へと戻っていった。

じつは思い返してみると、あの短い爆発的な時間に体験したことは、量子力学における波の機能の崩壊に類似したものだった。いっときわたしはエネルギーを上昇させて、波の状態にたとえられるような領域に入ったのだ。そこでは現実はぼやけ、確率は異なるにしてもすべての可能性が存在する。それから波の状態が崩壊し、そのとき優勢だったガラスを割るという想念を現実に持ち込み、それがひび割れたフロントガラスという形でみずからを実現化したわけだ。

ただ、わたしにとって意義深かったのは、あのような形でひとつの瞬間を高めたエネルギーが、怒りではなく遊び心のエネルギーだったことだ。そしてもうひとつ、現実は自分の身にふりかかってくるものではなく、すべてが自分自身から発しており、また外部のなにかにゆだねる部分はひとつもなく、すみずみまで自分のものだという感覚がそこにはあった。そんな、現実の源、所有者としての自己を完全に認めたところに生まれるパワーが、あのとき作用していたのである。

その数週間後、わたしはもうひとつ思いがけない実現化を体験したが、こちらは幸いなことにずっと性質温和なものだった。イギリスにジョン・マシューズという友人がいる。ケルト学者で多くの著作があり、アーサー王、聖杯、ロビンフッドの物語をはじめとしたグリーンウッドの諸伝説に関する世界的権威だ。彼もわたしもテレビシリーズのスタートレック、ザ・ネクスト・ジェネレーション、ディープ・スペース・ナイン、そしてヴォイジャーの熱烈なファンで、ふたりともスポック、ジャン＝リュック・ピカード、ウォーフ、データなど、登場人物のフィギュアを収集している。

何年か前に、それらを作っているメーカーがディアナ・トロイのフィギュアを発売した。彼女は人間とエイリアンの混血で、テレパシー能力をもち、宇宙艦エンタープライズの心理学者兼カウンセラーをつとめている。当時は女性キャラクターのフィギュアはほかに出ていなかったし、新発売されるのは一度にほんの数種類だったこともあり、ディアナはまたたく間に稀少アイテムになった。わたしはジョンがほしがっているのを知っていたので（もちろん自分もほしかった）、在庫が二体ある店を探して地元の玩具店をしらみつぶしにあたったが、無駄骨に終わった。全国チェーンのトイザラスを最有力候補と見ていたが、そこでもこのフィギュアは予約客が大勢いて、しかも製造数が極端に少ないので、入手可能になるのは何カ月も先だろうと言われてしまった。

わらをもつかむ思いで、わたしは両親に電話をかけ、どこかそちらの街の玩具店でディアナを入手できないか、聞いてみてほしいと頼んだ。しかし翌日には父親から返事があり、そのフィギュアはいま在庫切れというだけでなく、その店の仕入れ係の知るかぎり、これからもずっと入手不可能だという。父の話では、メーカーは今後このフィギュアのシリーズを、SF関連記事の収集家を対象とした専門誌とカタログ誌を通じてのみ、販売することに決めたらしい。ここへきてようやくわたしもあきらめがつき、もう考えるのをやめた。フィギュアについての思いをすっかり心から解放したのだ。

その二日後、わたしはオフィスで仕事をしていた。たまたま目をあげるとスタートレックのフィギュアを飾ってある棚が見えて、ディアナ・トロイのイメージが心に飛び込んできた。そのとたん、自分の内側と周囲でエネルギーがシフトするような不思議な感覚をおぼえた。よく考えたわけではないが、声に出してこう言っている自分がいた。「よおし、これを実現化してやる！」その瞬間、まるで自分がとても広大な空間にいるような、オフィスの壁が無限のなかに遠のいたような感じがした。視覚的な体験ではなく、ただ莫大な、茫洋たる存在のなかにある、と言ってもいい感覚だった。やがてその感じは消え、すべてが平常に戻った。わたしは仕事に戻り、それきりすっかり忘れてしまった。

三時間後に電話が鳴った。父親だった。「じつに面白いことがあったよ」という。「けさ、目を覚ましたらなんだか気分がすぐれんので、そのまま寝ていることにしたのだ。そうしたら三時間ほど前に、急に衝動的に近くのウォルマートに電話をかけたくなってね。例のおもちゃのことを聞いてみようと思いついたんだ。で、電話に出た女の人が、ちょうどスタートレック関係の入荷分を箱から全部出したところで、こうしてしゃべっているいまもディアナ・トロイのフィギュアを手に持っているというんだ。なんなら売り場の棚に置く前に、一時間このまま持っててあげましょうか、と言われたよ」

「それでわしは車に飛び乗って、店に向かった。街の反対側だから四十五分くらいかかったが、着いたら彼女はまだ取っておいてくれてね。それから、よかったら他のフィギュアもご覧になりますかと聞かれたんで、好奇心で『もちろん』と答えた。フィギュアの陳列されている売り場まで通路を案内してくれたが、そうしたらなんとまあ！　ディアナ・トロイがもうひとり、ぶら下がってるじゃないか！　どこから来たか見当もつかないとその店員は言っていたよ。箱をあけたのは自分で、さっきの一体しか見ていないのにってね。まあそんなわけで両方手にいれて、まっすぐ帰ってきておまえに電話したんだ。たしか、二体ほしいと言ってただろう？」

あとから思いかえすと、オフィスで体験したシフトと拡大の感覚は、石がフロントガラスにあたる寸前の、通常の現実から一歩外へ踏みだしたような、あるいは現実と現実のはざまに踏み込んだような、あの感じと同じだった。もちろん物理的にはどこにも移動していないけれど、自分という存在の感覚が拡大し、現実がもっと広くてゆるいような領域に至ったのだ。あたかも現実が格子状になっていて、ふだんはきつく編まれた細かい編目だが、その瞬間は糸がゆるみ、引っ張られて編目に隙間ができたような感じである。

さらにいうと、わたしはこのときなんら特定の感情を味わっていなかった。静かに仕事をしていただけで、たまたま本棚のコレクションに目が行くまでは、スタートレックのフィギュアのことなど考えてもいなかった。憤怒も、願望も、アファメーションもない。ただそこにあったのは、自分がまぎれもなくここに存在している、という強い感覚だった。仕事に集中しており、意識はしっかりと覚醒し、現在の瞬間にしっかりといて、自分という存在のあらゆる部分をおろそかにせず所有し、受け入れていた。

しかし、これもまた橋の体験につながる共通の要素である。あのときもやはり、わたしは確固たる実在感をおぼえていた。みずからの気分は変えられると知っていて選択を下したあの瞬間、わたしは自己の実在を深く認識していた。それは怒りにもまさるパワフルな感覚だ。怒りはたんなる感情にすぎないが、実在感は太陽光がレンズを通して一点に集まるように、わたしの全存在のエネルギーがフォーカスされている状態、あるいは別のイメージでいえば、自分自身の現実を継ぎ目なく無条件に受け入れている状態だ。

そしてどちらの場合にも、遊び心とユーモアと喜びの感覚が根底にあった。

それ以来、ほかの実現化に成功したときも、わたしは似たような実在感をおぼえていることに気づいた。そこから、存在のあり方自体が実現化を起こすパワフルなエネルギーだと考えるようになった。それが奇跡のエネルギーなのだ。しかし、実在《プレゼンス》とは厳密にはどういったものだろう?

〈実在〉

「実在」といっても、自分のなかに心や身体、魂やスピリットとは別の、さらに謎めいた領域が付加的にあるわけではない。われわれという存在は、身体のもつ非常に明確な密度と形と構造から内蔵秩序の普遍性と合一状態まで、あるいはもっといえば聖なるものの神秘とワンネスまで、広範にわたる経験と形態と状態のうえに成り立っている。実在とはそのすべてがそこにある瞬間、もしくはわれわれがそのうちたったひとつの特性だけでなく、スペクトル全体を体験している、そんな瞬間のことだ。「肉体・感情・精神・霊魂・魂そしてもっと先にある合一のレベルまで、全部あわせた状態、すべてを表現し、体験している状態」とでも言おうか。われわれという存在がまるごと世界と融合し、ともに作用し、同時にみずからの住む現実の範囲を拡大していく、そんな瞬間＝状態のことである。それは波長を合わせること、自己の存在を優雅に世界のなかへ織り込んでいくことによって可能になる。

先のイメージを使うと、実在のエネルギーは格子の網目を開かせ、押しひろげるが、それは対抗したり攻撃するのではなく、むしろ融合してその一部となり、みずからの拡大性によって編目全体を広げるのだ。そのとき、そこには新しいものが出現し、現実がシフトし、奇跡が起きるための余地が、オープンさが、潜在性が生まれる。

実在は自己の総体（肉体、精神、魂、スピリット、さまざまなつながり）をあらわすため、それはたんなる私的な状態ではなく共通の状態、共同創造と共同実現の状態である。

人それぞれに実現化の方法が違うことを考えるとき、わたしには各自のなかで実在が作用しているのが見える。

実現化は祈りによるものだろうか？　祈りとは聖なるものの前に全面的に存在すること、神なるものに喜んで完全に心を傾倒することだ。そのとき神なるものはあなたの前に全面的に存在でき、聖なるものはあなたと〝ともにある〟だろう。

実現化は視覚化やアファメーションによるものだろうか？　これらのテクニックがもっとも効果的に作用すれば、わたしは実現化したいものの実在のなかに全面的に引き入れられ、またそのものの実在をわたしのなかに引き入れることになる。わたしがそれに対して実在し、それに心を傾けると、その実在感からエネルギーが流れ出すのだ。

では現実を創っているのは想念か？　ある想念なり感情なりが、わたしの分散していた部分をかき集め、現実に対してしっかりと実在させ、わたしの現実とわたしの存在をひとつにさせてくれるなら、そのかぎりにおいてはイエスである。

しかし想念や感情も、物理的感覚や神秘体験も、明確な意図や強い欲求も、あるいはそれらの組み合わせも、われわれの分散した部分を引き寄せ、完全な状態にまとめるためのきっかけになりうる。そのとき、われわれはひとつふたつの可能性や現実ではなく、そのスペクトルをまるごと体現している。そのとき、われわれは全面的に実在し、存在の状態にある。

〈四つのエネルギー〉

この実在という観念について、それがいったい何なのか、そして自分が実現化プロジェクトの一環として同調状態に入ったとき実際はなにが起きているのかを、はっきりさせようと時間をかけて瞑想するうち、わたしが実在感をおぼえたとき、そこにはあと四つのエネルギーのシナジー（共同作用）が含まれていたらしい、ということがわかってきた。

そのひとつめを、「人生における運動エネルギー」と名づけた。つまりアイデンティティの勢いと方向性である。わたしがこれまでに作り、いま作りつつあるパターンであり、それがわたし自身を定義づけ、人生との関係性をも定義づけている。わたしの習慣、抱負、肉体的な傾向、心の姿勢と想念、考え方などで構成されるものだ。

われわれすべてにあるこの個人的エネルギーのダイナミックな場が、慣れ親しんだ現実を保存している。新しい体験や新しいエネルギー、新たな可能性などがわれわれに作用してくると、この〝場〟がそれをとらえ、みずからの勢いと方向性に適合するような形に変えようとするのだ。概してこれはいいことだ。一貫性が維持できる。しかし自分を変えたいとか実現化をしたいなら、ときにはこの場をゆるめ、拡大し、新しい可能性が入ってきて新しい方向性を与えられるようにする必要もあるだろう。

それだけみると、このエネルギーはみずからと調和しないものの実現化には抵抗するかもしれない。いっぽうで、だいたいの方向性と意図が共有できる実現化ならば強化することができる。

たとえばメリリーの実現化の話では、シャーマン的手法への関心、ヘラジカのイメージ、それまで試したことのない波長の合わせ方を探究したいという願望など、それらすべてが彼女のなかの、ある特定の形で進んでいる部分を表現していた。それは世界の新たな展望へ、彼女自身の新たなアイデンティティの感覚へ、スピリットとの新しい関係性へと進化していくことをもとめ、またその方向へ勢いづけようとしている部分だった。

この勢いは全体としてはさらに光明を得た、高い波動に同調した人生へ向かおうとするもので、長年かけて強まってきていた。それは特定の養生法にもとづく食事、運動、身体活動を通じて物理的に培われた。彼女の意図を共有し支持する人々・場所・物との関係性とつながりを通じ、また自己超越の修養および家庭を築く喜びを通じても養われた。みずからの魂と、そして聖なるものと、さらに明確に全面的につながるための霊的な実践や内面のワークによってもエネルギーを与えられ、浄化されてきた。

つまり、彼女の人生には自己組織化する性質をもつ流れがあったのだ。それが望ましい潜在的な現実のストレンジ・アトラクタとなり、長年の取り組みによって大量のエネルギーを蓄積した。この影響力の場に、内的探求と拡大の新たな方法としてシャーマン的同調をもちいたい、という願望の一滴がしたたり落ちたとき、あら不思議、ヘラジカの骨が出現した！

わたしが実在感のなかに認識した第二のエネルギーは、人生で築くあらゆるつながりから生まれ、また人生という織物自体から全般的に生じるものだった。このネットワークを、知人も未知の相手も含めた「共同創造者のコミュニティ」と呼ぼう。わたしの体験からいうと、このエネルギーはおおむね多様性と個別化の体験を強めようとするいっぽうで、つながりの体験もまた強化しようとする。愉快な仲間のエネルギーのように、全員が各自のため、各自が全員のために存在する。これはシナジー（共同作用）のエネルギーでもある。全体は部分の総計以上になり、全体と部分がおたがいのために作用しているのだ。

実現化に関しては、わたし自身のエネルギーと意図を鋳型として、このネットワークは内部にそれと釣り合うような形態を創っていく。わたしの実現化しようとしているものの性質に役立つような人々、出来事、つながり、などの組み合わせからなる形態だ。

メリリーのヘラジカの骨だって虚空から出現したわけではないし、わたしのフロントガラスもなにも当たらないのに勝手にひび割れたわけではない。どちらの場合も人と出来事の組み合わせが実現化を可能にした。メリリーのケースでは、イギリス人の同僚、ネイティブ・アメリカンのシャーマン、ヘラジカの骨、わたしの妻、そしてわたし自身を含めた全員が、前もって計画することなく、正式な意図も持たないまま適切な瞬間に適切な形でつながって、メリリーが意図を満たすために使えるようななにかを産む、そんな形態を創造したのである。同様にフロントガラスのケースでは、橋の上に転がっていたけっこうな大きさの石を、けっこうな大きさのトラックが跳ね飛ばし、ちょうどガラスを割るだけの速度と弾道を与えた。しかも関係者／関係物すべてが、おたがいに対してちょうどぴったりのスピードとタイミングで動いていないと起きえない出来事だった。

わたし個人のエネルギー場における諸要素、あるいは共同創造のネットワークにおけるそれらが、イメージや願望を現実にするため推進力を与えるべく結合と再結合をくりかえすとき、どうやらそれ自体が第三のエネルギーに助けられているようだった。これを、どのシステムにも内在する「創造性」と呼ぶ。成長をうながし、かきたて、進展をもとめ、再配列と再結合によって新しい自己表現の形を見いだしていくエネルギーだ。どのシステムの内部にも存在するダイナミックな流れである。システムを維持するためというより、むしろそのシステムがみずからを変容させることなくどれだけのことができるか、という可能性を探るために作用している。傍点の部分は強調したい。

だから、たとえば芸術家は絵を描いたり作曲をするためにみずからの創造性を引き出して、その才能をさらに伸ばし、強化しようとするだろう。彼女がしないであろうことは、自分の芸術家としてのアイデンティティを変えてべつのものになることだ。そう、交通警官やコンピュータ・プログラマーなどに。わたしの体験するこのエネルギーは、自分のエッセンス（本質）、すなわちアイデンティティの核心から生まれ、そのレベルをあらわしている。アイデンティティを拡大し、発展させつつも、なお本質的な特徴は保存するようにはたらいている。

このエネルギーは実現化にとって重要である。心の技術の表現はみな、基本的にクリエイティブなものだから。あなたは人生に新しいなにかを創造しようとしている。しかし、実現化で新しいなにかが人生に加わりさえすれば、たしかに「変化」をもたらすことにはなるが、かならずしも「変容」をもたらすとはかぎらない。

変容は、わたしが実在の構成要素として認識できた、第四のエネルギーを加えることで生じる。あらゆるものの合一に由来するエネルギーだ。そのエネルギーは境界を超越する。境界線のどちら側でもまったく変わらないからだ。芸術家であろうと、交通警官であろうと、コンピュータ・プログラマーであろうと、このエネルギーの存在する前では関係なくなる。この職業よりもあの職業のほうが合一状態に近い、ということはないからだ。これは純粋な存在のエネルギーである。わたしはこれを「愛」と呼ぶ。

このエネルギーは、われわれのアイデンティティと現実を新しい可能性に対して本当に開いてくれる。それは恩寵に似ている。その中ではすべてが新しく生まれ変わるスピリットだ。そこでは、わたしは特定の歴史にも特定の勢いにも縛られない。それは遊び心のスピリットであり、喜びと驚異のスピリット、発見と探求と絶対的な力のスピリットだ。なにか特定のものになろうとはしていない。それ自体が、あらゆるものだから。したがって、それはゆたかさのスピリットともいえる。

瞑想のなかでこの状態にふれてみると、もうひとつ特徴がある。豊穣な感じがあるのだ。それ自体が示したいと願う無数の潜在性に満ちているように見える。

わたしの想像では、このエネルギーは、物理学と宇宙論の新しい方向性によればわれわれの住む宇宙をどんなときも創造しているという、カオス、複雑さ、自己組織化などの力の背後にある

〝創発《エマージェンス》〟のスピリットに思える。これこそ実現化のスピリットなのだ。

〈現実の沸騰〉

長いあいだ、わたしはこの実在の観念と四つのエネルギーを、実現化に関する一連の瞑想と内的作業の中心にすえてきた。そうすることで、これまで描写してきたようなさまざまな体験から理解を引き出すことができた。その取り組みのなかから、実現化についてのわたしの考え方や教え方に深く影響するいくつかのイメージが出てきた。

浮かんだイメージのひとつは「現実の沸騰」というものだ。

冷たい水をいれたカップに大量の塩を加えたとしよう。一部は溶けるが、大半はカップの底に沈澱する。そこでカップの水を温めてみる。水の温度が上昇し、熱がこの溶液のすべての分子にエネルギーを与えていくにつれて、塩を結晶の形に保持していた化学結合がだんだん弱まり、伸びてくる。さらに熱くなるとその結合はついに壊れ、塩は溶解する。もし、そのお湯をこんどは注意深く冷ましていけば、過飽和溶液ができる。塩はすっかり溶けたので、塊は見えない。しかし実際は、本来そこに溶ける容量以上の塩が溶け込んでいる。不安定な状態である。少量の塩粒をそこにくわえてやると、それを核として溶けていた塩が再結晶しはじめ、やがて水の中で凝結する。ふたたびカップにはひと盛りの塩があらわれるのだ。

あなたの現実もこの溶液に似ている。無数の可能性を含み、その一部はあなたの知る世界とあなたの送る人生のなかにすでに結晶化している。しかしエネルギーが与えられると、それがあなた自身の願望の勢いからであれ、他者とともにしている共同創造のネットワークからであれ、内的な創造性のエネルギーからであれ、個人の領域を超えた変容と恩寵のスピリットからであれ、この現実は高められ活性化してくる。言ってみれば沸騰するわけだ。結晶は溶解し、現実はゆるみ、よりオープンな状態になる。存在と創造性のスペクトルが端から端まで有限の瞬間と結びつき、無限にむけて開かせ同調させる。このオープンさ、すなわち有限と無限の境界、潜在性と現実の境界、内蔵された秩序と展開される秩序の境界を、あなたは「実在」として体験する。この実在のパワーから実現化があらわれ、奇跡が生まれる。

奇跡が起きるのは大小を問わず、壮大な変容からちょっとした偶然まで、われわれの現実が沸騰し、通常の認識も期待も習慣も歴史も未来もすべて溶液にとけこみ、意識とスピリットの結合がゆるみ、壊れたときである。こうして潜在性が過飽和状態となり、無限の可能性が通常より多く含まれた瞬間にひとつのイメージが投げ込まれる。それは現実の種子、特定の可能性だ。すると、なにもかもふたたび凝結し常態に戻っていく。日常の時間と空間の奔流が始まる。ただし前とは違う。こんどの現実は凝結の引き金となった種子によって形づくられているからだ。

この現実の沸騰という比喩的なイメージは、奇跡のエネルギーと実現化のプロセスを理解するうえで鍵となる要素を示してくれた。それはわれわれの現実体験に含まれるバイタリティ、あるいはエネルギーである。それがどのくらい抑えられていたか、あるいはどれほどエネルギッシュに躍動していたか？　わたしの現実はどのくらい沸騰しやすいか？

　こうした瞑想の結果、ひとつのイメージが残された。想念が現実を創るのではない。実在が現実を創るのだ。現実の体験にバイタリティ＝内なる活力があればあるほど、その現実はその実在に呼応でき、奇跡のエネルギーと実現化のスピリットを自由に受け入れ、具現化することができる。

第5章　現実のバイタリティ——実現力強化プログラム

どんな実現化プロジェクトも、成功の可否は、いまある現実がどれだけ変わる力を持っているかで決まってくる。そこには現実のバイタリティが影響する。かっちりと固まっていたり、ぼんやりとした休眠状態だったり、あるいはのろのろと重く動きの鈍い状態ではなかなか変われない。でもいきいきと活性化し、柔軟で流動的で力強い状態なら、どんなはたらきかけにも対応することができる。それがいわば現実の体力、バイタリティなのである。そのバイタリティを強化して、実現化を支えるようなエネルギーと姿勢とつながりを人生にもたらすための、実現力強化プログラムをここに提供しよう。

これは特定の実現化プロジェクトにたずさわっているときばかりでなく、常時おこなえる作業を示すものだ。むしろ心の技術の目的は、ときたま特定の対象を実現化することにとどまらず、自分が創造性のエネルギーをどう表現しているかについて、つねに注意深くあることなのだ。それは、人生における実現化の流れを全般的に強化するひとつの方法である。結局のところ、あなたがなにかを実現化していないときなどないのだから。たとえそれが、すでに慣れきったおなじみの習慣やライフスタイルにすぎなくても。現実はたえず自力で進み、あるいはみずからを生みつづけている。

だとしたら、あなたが自分のパワーを取り戻し、流動性と可能性を人生に与え、さらに進展・繁栄していけるような形で実現化したらどうだろう？　内なる現実生成のプロセスを、意識的で統合されたものにしてはいかがだろう？

また、われわれは個々にではなく、大いなる集合的な生命の一部として実現化をしている。あなたが奇跡のエネルギーで人生を満たすことができれば、それだけそのエネルギーは他者にも伝わり、ひいては世界全体に伝わっていく。集合的な現実が高められ、高次の潜在性に同調していくほど、あなた個人もパワーを得ることになる。現実のバイタリティはみんなのスローガンになりうるのだ！

あなたの現実は元気だろうか？　可能性を事実に置き換え、変化を起こし、新しい形をとるために、エネルギーを相手に楽しくいきいき踊っているだろうか？　それは実現化を支えるような現実か？　実現化はすべて、どれほどささいなものでも、対象が仕事や伴侶であれ、トースターや車であれ、とにかく現実のシフトを意味する。大きなシフトも小さなシフトもおなじプロセスであり、目的を達成するには実在のエネルギーが必要だ。

それを心に留めたうえで、実現力強化プログラムの構成要素をいくつか提案したい。すこし自分のことを考えてみれば、きっとあなた自身の具体的状況に合わせた項目をこのリストに追加できるだろう。

〈肉体〉

実現化はすべて、最終的には物理的にならねば、つまりなんらかの形で具現化されねばならない。さもないと、いつまでも抽象的な想像の産物として、現実よりも潜在性にとどまってしまう。実現化の概念そのものが、物理的あるいは有形の表現を意味している。それゆえ、物理的領域との同調があきらかに重要なのだ。

内面にいきいきとしたパワフルな実在をもち、強力な実現化をおこなう人でも、肉体的には壮健でなかったり、すべての機能が完全ではないこともありうる。そのいっぽうで、実在がエネルギッシュで健康な身体に支えられていたほうが、やはり楽なのも確かだ。肉体とそのエネルギーは行動の基礎である。アイディアや計画を実行に移すための大切な手段である。せっかくいいアイディアがあっても、たんにエネルギーが足りなくて最後までやり遂げられない人が大勢いる。

食事療法や運動その他、みずからの肉体を尊重し、いつくしむためにおこなうことはすべて、かならず実現化という心の技術の基礎を築く助けになる。効果的な実現力強化プログラムは、効果的な身体のフィットネス・プログラムを含んでいる。

わたしは経験から、いかに肉体が実現化に影響しうるかを知っている。物書きなので毎日かなり長時間すわったままますごし、しかも日課としての運動にはどうしても熱心になれなかった。執筆や調べものをしていると、集中のあまり定期的に身体を動かすことも忘れてしまう。そして五、六時間後には腰痛と疲労をおぼえ、身体の状態をこんなになおざりにして、と自分を叱るはめになる。そのうえ、坐業にはつきものだが、食事や運動に注意しなければ太ってしまう。それらの点に気を配っていないと、わたしの身体のシステムは鈍重になってくるのだ。そんなとき、自分の中を流れるエネルギーはきらめくダイナミックな流れではなく、どろりとしたシロップのように感じる。周囲のすべてが泥沼化しはじめる。いつもならけっこう楽に実現化できるものも、身体の状態をなおざりにしていると実現化のスピードが落ち、肉体のエネルギーの鈍重さが反映されてしまう。

しかし、また身体に注意を向けるようにすると、とたんにこの鈍重さは薄らぎ、エネルギーが急速に活気づくことがわかった。まだ運動メニューを再開していないうちから、そうなるのだ。身体の状態にきちんと向きあい、注意を払おうと意志をかためた時点でエネルギーは始動する。たとえわたしが身体障害者か病人だったとしても、できるかぎりの受容性をもち、できるだけ意識を分散させず、この身体にしっかりいようと努力することで、やはりエネルギーを高めることができる。どれほど限られたものであれ、なんらかの行動により肉体レベルを尊重しようとする意志と行為が、エネルギーをふたたび勢いよく流れださせるのである。

身体が消耗し、エネルギーが低下していると、落胆したり憂うつになったりしやすい。実際、うつ状態の多くは心理的原因より器質性の〔内臓器官の〕原因から生じている。肉体のエネルギーをできるだけいきいきと保つことが、ポジティブな実在を維持する重要な手段となる。

視覚化と想像力の活用は、実現化のかなめである。ただし、視覚化に力を与えるのは、あなたの感覚的体験にそれをしっかり根づかせる能力だ。オレンジのことをただ考えるのと、その形や色、香り、味、匂い、そしてかぶりついたとき口にあふれる果汁の感触を想像し、身体の感覚を引き出すことによって視覚化／イメージするのとではずいぶん違う。身体は物理的な記憶と五感の感覚を提供し、それが主観的なイメージや気持ちをしっかりと根づかせ、奥行きと、より深い意味あるいは現実性を与えることができる。

いわゆるセンタリングも重要だ。揺れたり、ぶれたり、ゆがんだりしていない、確固たる中心に自分があるという感覚、そしていっとき混乱しても、かならず自分の内側の落ち着いた中心に戻れることがセンタリングである。中心の感覚があると生活にバランスがとれ、必要に応じてすみやかに、楽にパターンを変えていくことができる。自分に中心があるという感覚を養うひとつの方法は、身体を利用することだ。人体には骨盤のところに重心がある。その部分に意識を向け、自分のエネルギーがそこから外へ向かうのを感じることで物理的な中心を体験でき、それを心理的な中心の内的モデルとすることができる。物理的・心理的センタリングの訓練をしてくれるボディワークや修養の形態は、合気道や太極拳などいろいろある。

身体はまわりの世界と同調する手段でもある。身体が活力に満ちているほど、繊細な同調が可能になる。五感が研ぎすまされ開放された状態なら、それらを通じて世界とさらに全面的につながれる。あなたはさらに深く世界に参加する者となり（さらに〝波〟の状態になり）、特殊性による孤立の度合いは減る。

この同調は精妙な領域にもおよぶ。落ち込んでいる人と時間をすごしたり、最近争いごとの起きた場所に入ったことがあるだろうか？　その人や場所の経緯をまったく知らなくても、しばしば身体で不調和を感じることができる。身体のどこかが締めつけられるように感じたり、ストレスをおぼえたりするだろう。逆に楽しくて愛情深い人といっしょにいたり、おだやかで静かな場所に入っていけば、身体がリラックスし、エネルギーに満ちてくるのが感じられる。

ある実現化のプロジェクトを評価するには、その目標について熟考したとき身体がどう感じるかを見ると、続行すべきかどうかを示すよい指標になる。わたしのマインドや感情がなにかを欲しがっていても、身体は緊張感やエネルギーの喪失で反応することがある。いわゆる「胸騒ぎ」「腹の虫」というやつで、なにか変だと告げているのだ。わたしは書店に行って本棚に手をかざし、身体の反応によってどの本を読めば楽しめるか、あるいは有益かを瞬時に知ることができる。おなじように、表紙やテーマに惹かれた本でも、手にとってみると突然エネルギーの低下をおぼえ、身体がげっそり弱った感じがして、これは自分が本当に楽しめる本ではないな、とわかる。

なにか、あるいはだれかに関して身体で感じる反応に注意を払うことは、実現化に役立つ情報を得るためのきわめて重要な方法だ。たとえば、ある場所やある人に身体が引っぱられるような感じがするかもしれない。その感覚を尊重すれば、結果としてなんらかの交際が始まり、それがのちにあなたの目標達成にとても役立ったりする。

身体が健康でいきいきしているほど、そして身体に中心を置いている意識の部分をあなたが尊重し同調するほど、身体はさらに有効な洞察の道具となってくれる。

食事、運動、ボディワークなどを通じて生活の身体的側面を改善し、習慣的な筋肉のパターンに閉じ込められた緊張とエネルギーを解放したければ、数えきれないほどの情報源が助けになる。身体をより健康に、元気にするための働きかけは、どんなことでも実現化の能力を向上させるだろう。なんなら実現化の名において運動してもよいのだ。(「この二十五回の腕立て伏せは、あの実現化したい新しい皿洗い機のためよ！」) 行動と実現化したい実在を結びつけることで、そこにエネルギーを与えるのである。

あなたの身体は実現化のエネルギー的な基礎である。そのエネルギーと健康状態をできるだけ高くいきいきと保ち、心の技術を追求するための仲間と見なそう。

〈リズム〉

リズムも、考慮すべき重要な事柄である。われわれの多くは悩ましくせわしない生活を送っている。毎日が新しい要求を突きつけてくる。いくつもの方向に引き裂かれそうになる。まともなリズムやスケジュールを維持するのが困難になる。ある日は朝食をとるが、翌日は急ぐのでとらない。ある晩は八時間眠るが、つぎの晩は四時間だ。自分がちりぢりばらばらになってくる。中心が保てない。

リズムは創造性のパワーの秘密のひとつである。宇宙はリズムに合わせて踊る。リズムは波動共鳴を起こし、ほんの小さなインプットでも非常に大きな効果につながる。一群の男たちが足並み揃えて橋を渡れば、規則的な振動を発生させて橋を破壊することもできるのだ。生活のなかの小さなリズム、たとえば毎朝、行動に飛びつく前に静寂の五分間をすごすというだけでも、生活に秩序を与え、より大きなバランスと落ち着きをもたらす意味で、破格なほどの効果をあげることができる。生活にリズムをもたせるほど、それも物理的な行動に根ざしたものであればなおさら、われわれのエネルギーはパワフルになり世界と共鳴するようになる。

〈限界〉

物理的現実は、限界と境界線にもとづいている。

従来の実現化のアプローチではよく「なんでも思いのまま」と請け合ってくれる。宇宙はゆたかな場所だから、やってくるものに限界などない、と。

でも本当は、限界が存在する。われわれは有限の宇宙に住んでおり、個々の部分は境界線によって定義される。そのような宇宙では「なんでも思いのまま」にはいかない。思いのままになるとか、自分の欲望と獲得にまったく限界をもうけるべきではない、という考え方は幼稚な憧れと、安心感や慰めをもとめる気持ちに根ざしている。聞く者を力づける言葉に聞こえるが、実際はむしろ力を奪う観念である。われわれを創造者としてではなく、ひたすら受け身の消費者と見なしているからだ。欲求と要求ばかりにフォーカスしている。まるで、われわれが無限の海に浮かぶスポンジかなにかで、まわりの水を好き放題に心ゆくまで吸い込める、と言わんばかりだ。たとえスポンジでも、やがては飽和状態にいたるのに。

どんなものも、限界をもつことで実現化する。あなたの望んでいるかもしれない新しい車は量子的可能性の実験材料ではない。ほかのどの自動車とも異なる、識別可能な、特定の、独特な自動車である。色は赤や黄でなく青。ツードアではなくフォードア。四気筒ではなく六気筒といったぐあいに。明確な特徴がそなわり、そのひとつひとつがあらゆる特徴の可能性に対して限界をもうけている。そうした限界なしでは存在できない。

ここに重要な区別がある。限界を認めることは、制限を認めることではない。むしろそれは、特異性を可能にしてくれる境界線を尊重することだ。限界は多様性の存在をゆるす。限界はわたしとあなたを違うものにし、その違いゆえに、ふたりのあいだで創造性が可能になる。

また、エコロジーの時代における現実は、われわれの世界システムの有限性という限界を認識しつつ行動する必要があることだ。そんな限界が存在しないかのようにふるまうことはできない。有限の惑星内に、無限に増えつづける人口が無限に生産される商品とサービスを購入し消費する、そんな無限の世界を実現化はできない。これで十分という感覚も、境界線の感覚もない無限の哲学を受け入れるわけにはいかない。それらが事物を明確にし、おかげでフォーカスの力が可能になるというのに。

実現化は創造性のスピリットによる営みだ。無制限の欲求を満たすことではない。スポンジではなく、みずから源となる行為だ。限界を適切に理解し、受容することが大きな違いを生む。

〈現在の瞬間〉

実現化をおこなうパワーは過去でも未来でもなく、現在の瞬間にある。「ビー・ヒア・ナウ（いま、ここに在れ）」という格言は、実現化を成功させるよいアドバイスだ。いたずらに過去や未来に思いをはせていると、活力と注意力がからめとられてしまう。いまこの瞬間、自分のしていることのありのままに注意深く愛をもって気持ちを向けることで、そのエネルギーを自由にし、いまの活動に情熱をもたらし（どんなに退屈で好きになれなくても）、新しい変容のエネルギーを解き放つことができる。もし現在の瞬間が気に入らなければ、それを変えるために行動できるのは〝いま〟だけだ。昨日や明日ではなにもできない。あなたは今日にだけ生き、行動しているのである。

もちろん将来の計画をたてたり、思い出を楽しみ、そこから知恵を得たりするのは大切な活動だ。しかし、ある目標に向かって計画をたてるのと、将来について心配することは違うし、ある目的をもって思い出にアクセスするのと、古傷や昔の栄光をたえず反芻《はんすう》することも違う。最初のケースでは、計画も記憶も現在における行動の役に立つ。あとのケースでは、せっかく癒しと変化の潜在性をもつ〝現在〟を放棄して、もはや存在しないか、けっして存在しないかもしれない場所に住もうとしている。

ときには苦労するかもしれないが、気持ちを現在の瞬間に戻し、自分のしていること、自分のいる場所、自分といっしょにいる相手について気づきを深めれば、エネルギーと創造性の増大というすばらしい恩恵がもたらされる。要するに、みずからの分散した意識を過去の自己と未来の自己からひき離し、現在の自己に集中させているのだ。この瞬間に全面的に宿っている。そうすることで、思い出にあらわれた部分的な自己ではなく、未来への思索にあらわれた潜在的な自己でもなく、あなた自身の創造的実在にまるごとつながることができる。

現在に注意力を引きもどすひとつの方法は、学びにフォーカスすることである。現在の状況に新しいエネルギーや洞察を与えるために、自分でできる、または言える、なにか目新しいことはないだろうか？　自分自身やおかれた状況について、他者について、世界について、この瞬間に注意深い気づきを向けることにより、なにか学べることはないだろうか？

　心をひらいて学びを受け入れる姿勢は、エネルギーを生成する強力な道具である。われわれはみな例の「ａｈａ《アーハ》！（なるほど！）」を味わっている。なんらかの新しい洞察が意識に飛び込んできた瞬間だ。そんな瞬間はエネルギーと潜在性に満ちている。そこで、われわれは変容する。真の学びとは新しい洞察と理解をもたらすものだが（情報の機械的暗記とは対照的に）、創造的実現化のパワフルな形でもある。それは新しいあなたを誕生させる。変化と展開を居心地よく感じさせる。わたしは毎日なにか、自己と世界の理解を広げてくれるような新しいことを学ぼうとしている。身体に運動が必要なように、それがマインドにとって必要なのだ。現在の瞬間に、しなやかで活気あるエネルギーを保つ方法である。

　気づきの力を実践しよう。どんなにくり返され、慣れたことに思えても、自分のしていることを意識しよう。心のなかであてどなく漂っていく傾向があるはずだ。気をつけよう。自分のしていることに、そして周囲の環境に気づきをもってつながっているとき、エネルギーは流れる。

〈許し〉

だれしも現在の瞬間にいることを困難に感じる理由のひとつは、過去に受けた傷にフォーカスしているためだ。物理的な傷であれ、感情的、精神的、経済的な傷であれ、それが自分のアイデンティティの一部になっている。傷に耐えたほうが（そして傷の記憶に苦しむほうが）、それを手放して、確実にやってくる変化というリスクを冒すよりは、しばしば安全だったりするのだ。傷ついた心を放棄すれば死と再生を体験することになり、ひとつのアイデンティティがはがれ落ち、もうひとつが生まれることになる。これは怖いかもしれない。特に、こんど自分がなる新しい人間がどんな人間かよくわからない場合は。

それでも、創造性のエネルギーの多くが古傷の再現にとらわれている可能性がある。われわれは傷と裏切りの記憶や不正をただしたい欲求によって過去に呼びこまれる。そして、それらを列挙する。復讐と償還のシナリオを演じる。癒しをもとめる。でも癒されない。本当はそれを望んでいないから。傷を失うことは、慣れ親しんできた自分自身を失う危険をおかすことになるから。

過去にとらわれたこのエネルギーを解放する、わたしの知るかぎり最善の解決策は、自分のこうむった不正と傷を愛をもって許すことである。許すといっても、傷つけられたのは問題なかったとか、正義がおこなわれるべきではないとか、そんなことを認めるわけではない。大いなる合一の光のもとで、みずからの苦しみのイメージを捨て、自分のエネルギーが現在に戻ってこられるようにする。もう先へ進んでいい、完全になっていいと自分自身に許可するのだ。

許すことはけっして簡単ではない。生まれ変わることを意味するからだ。実際、古傷の許しそのものを実現化のプロジェクトにしてもいいほどだ。傷のない新しい自分を実現化することを目標に。

過去からエネルギーを取り戻すことは、実現力強化プログラムの大事な要素である。許しという手段はその鍵になるかもしれない。(許しについてさらに情報がほしい方は、参考文献を参照のこと)

〈驚異〉

現在の瞬間におけるもうひとつのエネルギー源は、人生とまわりの世界に対する驚異の感覚と畏敬の念である。驚異といっても、なにも知らない子供のような単純素朴な驚きではなく、人生に神秘と奇跡があることを認め、感謝する気持ちだ。驚異の念は、われわれの住む世界には生命そのものという奇跡も含め、まだ知らない事柄がたくさんあることを思い出させてくれる。それが、学びに対してわれわれの心を開かせる。驚異の念は、新奇なものやスピリットの実在を敏感に察知する新鮮な目で世界を見るようにさせる。その意味で、禅でいうところの「初心」に近い。

ここでも、驚異の感覚を会得するひとつの方法は現在にフォーカスすることだ。おなじ瞬間を二度生きることはけっしてないが、この瞬間と、いままでにあったよく似た瞬間のすべてとの違いを見いだすには、それなりの注意力が必要になる。ときには自分に関して見えているものが、どれも初めて見るように思える。そのとき世界はわれわれの心をとらえている。その新しさで魅了し、われわれを引き込んでいる。こちらの心もよそ見はしない。体験している内容のとりこになる。とそこへ、なじみ深いことが起きる。それが薄い膜のように魂の窓を覆い、だんだんに景色がかすんで、やがてまったく見えなくなる。かわりにわれわれは自分の予想したもの、ずっと見てきたものを見ることを覚える。つまり、自分自身の投影をそこに見るのだ。

その薄膜をはぎ取るには、まわりの世界をふたたび熱烈な注意力を傾けて凝視しなければならない。自分の一部がどこかに分裂したような片手間の見方ではなく、まるごとの自分で見なければならない。なじみ深さにだまされて、ここに全面的にいなくても大丈夫などと考えてはならない。

この新鮮な目を育てるには、自分にとって新しい場所へ行ったり、新しいことをしてみるといい。驚異の感覚を取り戻し、それを知覚の一部として保ちながら、なれ親しんだものを見てみよう。知り尽くした人物や場所にも意外な面があることを発見するだろう。

驚異の念をつちかうもうひとつの方法は、自分や周囲の人々に偶然や共時性が起きたとき、気づきを向けることだ。前にも言ったようにそれらは小さな奇跡であり、万物のなかですばらしい神秘が作用している〝しるし〟である。そんな出来事が起きたらしっかり受けとめて感謝しよう。

驚異の感覚には、あらゆる存在に対する畏敬の念も付随する。われわれを取り巻く宇宙とわれわれの内なる生命の、ともに畏怖すべきありように敬意を表し、おおいに喜ぶことは実現化という心の技術にさらなる力を与えてくれる。

〈可能性〉

驚異の念と密接にかかわる心の姿勢が、可能性の感覚である。「可能性思考」もよく実現化のテクニックの一部として教えられているが、これはもっともなことだ。新しい仕事や新しい恋人がほしくても、もしそんな可能性が信じられなければ、それを実現化している自分をイメージするのはたいへんむずかしい。どのように起きるかはわからなくても、ただ可能だとさえわかっていればいいのだ。

可能性思考を身につけるための鍵のひとつは、なんに対しても自動的にノーと言わないことだ。じっくり考えもしないうちから、そんなことあるはずがない、という理由を挙げている自分に気づいたらストップをかけよう。ではなぜそれがありうるのか、という理由はちっとも思いつかないかもしれないが、すくなくとも可能性を否定するのはやめよう。それは無理だと決めつける前に、代替案を考慮するチャンスを自分に与えることだ。

可能性思考とは、すべてが可能であると言うことではない。どんな特定の瞬間においても、すべてが可能なわけではない。しかし可能性思考は、たんにいままで起きなかったから、不慣れだから、試したことがないから、というだけの理由で、なにかが不可能だと自動的に答えることを避けるのである。可能性思考によって、われわれは変化と潜在性に対しオープンな状態を保つことができる。

わたしの経験からいうと、可能性の範囲をあまりにも狭く線引きしている人が多い。そして、不可能だと考える範囲はあまりにも広い。これは怖れからきていたり、無価値観や怠惰、あるいは傲慢さからきている場合さえある。(「おれにできないとしたら、そもそも無理なことなんだ!」)理由がなんであれ、結果として人生をあまりにも窮屈にしてしまう。せっかくいい仕事を見つけても、どうせ採用されないと思っていると応募しそこなうかもしれない。実際はやってみなければわからないのに、拒絶と失敗を怖れるあまり試そうともしないのだ。

可能性思考はリスクの受容を必然的にともなう。しかし主としては、自分という人間の世界を広げ、冒険心をもち、なんであれ最初から無理と決めつけるのはやめようという心の姿勢を意味する。

〈ポジティブなあり方〉

ポジティブ思考の考え方は、たいてい実現化の教えの中心になっている。しかし、わたしにとってもっと重要なのは「ポジティブなあり方」とも呼ぶべきもっと大きな資質である。

ポジティブ思考の教えは概して、疑い、怖れ、疑問など、目標達成を妨げるかもしれないネガティブな想念の除去に専念しがちになる。しかし、適切な情況においては疑いも怖れも問いかけも、重要な洞察につながる可能性がある。本人は、みずからの魂と世界の魂を深く探ろうとして必死にあがいているのだ。自分の怖れと疑いを探り、耳を傾け、そこから学ぶことにより、われわれわれは新しい気づきと、生命の全体的なパワーとのさらに深い同調に至ることができる。

われわれにはポジティブさの度合いを測るため、たんに自分の想念がいつも励みになる善良なものか、感情はいつも陽気で快活かを気にするより、もっと広く体系的な方法が必要である。真に強力なポジティブさは、たんなる肯定的なアファメーションや想念の連続以上のもので構成されている。それは明るい要素も暗い要素も含めた、人生全体のすこやかさとバランスから生じるものだ。ときには疑い、怒り、怖れ、憂うつ、絶望感などが、心の内部における深い変容の力のはたらきを知らせている。それらが内的変容と精神的シフトのしるしなのだ。でなければ、それらは本当に社会や自然環境に問題と不均衡があることを反映している。どちらにしても、表面的なポジティブさのためにそうした気持ちや考えを押しのけ、あるいは否定することは、自分のエネルギーを解放するよりむしろ束縛する結果になる。

実現化の行為を最終的に支え、力を与えるのはあなたの人生全体のエネルギー、すなわちあなたの実在である。たまに疑いや怖れ、心配やネガティブな思いが浮かんだとしても、そのプロセスを混乱させるものではない。

〈感謝〉

自分の人生における恵み（そう、まさに生きていること自体が恵みである）を認識し、感謝する姿勢もまた、世界の創造的・霊的エネルギーの大いなる流れに対してあなたをオープンにする。感謝の心をもつと、他者が自分のためにしてくれたすべての行為が見えてくる。利己的で犠牲者的な視点を矯正する効果がある。人生で真に大切なもののどのくらいがじつは贈り物だったか、徐々にわかってくる。強要されたり取引のように扱われた人間関係は、かかわる者すべてが喜んでみずからを献身的に捧げるような人間関係にくらべ、けっしてパワフルでも報われるものでもない。感謝すると、自分でもさらに惜しげなく与えることがしやすくなり、それが万物の内なる愛の流れに同調させてくれる。人生を活気づけ自由にする力にかけては、感謝にまさるものはない。これまでに受けとったすべてのものと、これから受けとるであろう（または受けとりたい）すべてのものに感謝し、またお返しにこちらからも与える機会があることに感謝するならば、心の技術のプロセスに力を与える意味で他に匹敵するものはない。

〈霊性〉

感謝の気持ちは、霊的な実践にもともと含まれる構成要素である。そのほかの構成要素もまた、いまある現実の潜在性とエネルギーを拡大するうえで重要だ。

霊的な道にもさまざまな形がある。非常にシンプルなものもあれば、非常に複雑なものもある。ウィリアム・ブルーム博士は霊性に関するすばらしい入門書『最初の一歩』のなかで、霊的実践の三つの基本的構成要素をあげている。まず毎日、聖なるもの（この言葉をどう理解するにしても）と同調すること。そして毎日の内省。とりわけ自分の行動の背後にひそむ動機や意図についてふり返る。三つめは、毎日なんらかの形でみずからの霊性を行動や姿勢に具現化すること。たとえば奉仕によって、あるいは人々とのかかわり方を通じて。

わたし自身が教える場合も、ほとんどこれと同一の図式をもちいている。しかし、霊的な道をどのように解釈し従事するにしても、実現化におけるその価値は特定のドグマや信念体系や宇宙論にあるのではない。それはトランスパーソナルな〔個人の領域を越えた〕視点やエネルギーとの相互作用を学ぶことにある。自己を超越するべく修練を積みながら、同時にもっと深い新しいやり方で自己を愛することにある。聖なるものの存在の内側で、思いやりの精神とわれわれは相互につながっているという感覚を学ぶことにある。宇宙の核心で、スピリットの深い交わりを体験することにある。

心の技術とは結局のところ、心の内面の営みだ。その性質ゆえに、われわれは霊的な次元に取り組まざるを得ない。その次元と出会い、それを生活の一部とするための他の方法をもつことは、特に全体性の体験に同調させるような方法ならなおのこと、心の技術の潜在性を最大限に発揮させる助けになるに違いない。

〈思いやりのある出会い〉

ここまで提案してきた実現力強化のエクササイズは、許しを除いてすべて自己志向だった。自分自身の内面で、自分自身のためにおこなうものである。

いまある現実をいきいきと保ち、さらに大きな可能性に同調させるには、ただひたすら自己言及的にはしないことが役に立つ。恒星がブラックホールに崩壊していくように、自分自身のなかに、そして現実や可能性に対する狭苦しい観点のなかに崩壊していく人々もいる。他者に手をさしのべること、献身的にみずからを捧げること、自分とは異なる考え方や生き方に出会っていくこと、奉仕をおこなうこと、つながりとかかわりを保つこと。これらはみな、そうなるのを防ぐ方法だ。

思いやりをもって世界と出会っていくためのエクササイズを、いくつかここに紹介しよう。

●気前のよさ

他者からしてもらったことに感謝すると、こんどは自分がだれかに親切を伝えたい気持ちになったりする。実現化のほとんどすべてが結局は人間ルートで、つまりもうひとりの人間の行動を通じてやってくる。あなた自身もそんなルートになれるのだ。

実現化の逆説的なところは、それが一見なにかを手に入れる行為に見えつつ、実際は自分がなにかを与えることによって可能になる点だ。その動力源は、愛と寛容さである。

あなた自身がエネルギーと喜びと可能性と他者への援助の源になることほど、あなたの現実を大きくひろげ、エネルギーの高次の潜在性と十分につながらせる行為はない。

実現化の技術について瞑想したとき、わたしはよく、ゆたかさのスピリットが質として優勢であるような霊的領域に分け入った。このスピリットは宇宙の根源的創造力のひとつと考えられる。複雑さと創発的進化へと向かう宇宙の推進力において、多様性とゆたかさは普遍的な属性となっているようだ。地球上の生命形態がいかに変化に富んでいるかを見ればよくわかる。

実現化の技術には、ゆたかさを具現化することが含まれるのである。

「ゆたかさ」は意味がこめられすぎて危険な単語だ。多くの場合、ほしいもの必要なものをすべて持っていて、その他にまだあるという意味で使われる。そこには余剰のイメージ、果てしない供給のイメージがある。

心の技術に関する経験から、わたしはゆたかさを量的な状態ではなく、むしろ質的な状態と定義する。ゆたかさとは、創発的進化の可能性とそれに対するオープンさが存在する状態である。みずからすすんで与えることにより、なにかほかのものが生まれることを可能にする意志だ。

わたしの知るもっとも裕福でゆたかな人々は、実際の所有物はほんのわずかだが、潜在的創造性のオーラをまとって日々を暮らしている。彼らの周囲では人生がより活気にあふれて見え、彼らのそばにいると新しい可能性の成就がそれほど困難ではないように、あるいは障害が少ないように思える。彼らはただ、その実在を通してインスピレーションを与えているのである。

●富

ゆたかさに関連して、富を創造し、みんなと分かち合えばよいという考え方がある。

「富」も「ゆたかさ」のような危険な単語のひとつだ。金銭を意味する場合も、それ以外の金融資産や有形の資産を意味する場合もある。最近では、情報も富の一形態と見なされている。

しかし、ここでは富といってもあなたが所有する資産としてではなく、力をもたらしてくれる状態と考える。それはいまあるものに滋養を与え、ありうるものの出現を可能にする。

富の創造は宇宙本来の営みである。最初にビッグバンの爆発から生まれて以来、宇宙は富を創造しつづけてきた。ごく単純な原子構造から進化して銀河と星と生命形態とアイディアを創造し、その銀河と星と生命形態とアイディアのすべてが、さらに多くの生命と可能性と形態を宇宙のなかに誕生させた。

富とゆたかさは、多様性と相互関連性と共同創造が一点に収束したところに出現するように思える。この三つがともに作用すると、相違点の融合と可能性の拡大と成就が起きる。これらを否定すると、欠乏が起きる。

もしわたしが富を所有すべきもの、自分のためだけに蓄積すべきもの（特にだれかを犠牲にしてまでも）と考えたら、その収束のパワーを壊してしまう。他者を貧乏にすることで、結局は自分を貧乏にしてしまうのだ。つながりと全体性の領域から発するエネルギーと活力を、間違いなく自分の現実には与えられない。富とは究極的に共同創造の現象である。わたしが他者の幸福と発展と創造性を養い、助けることによって富を体現する者になれば、そのぶんわたしの富は増え、実現化に使えるエネルギーはパワフルになるだろう。

自分にどんな富があるか、その富を使って自分の世界をどのように高めることができるか、よく考えてみよう。

●流れを妨げないこと

ただし、ときにはこの世界でわれわれが力を与え、実現化し、富を創造し、ゆたかさを増す方法が、ただ邪魔にならないようにしていることだけ、という場合もある。これは「流れを妨げないこと」の実践であり、自分は手を出さず、人生がうまいことだれかを助けるにまかせるのだ。

この章の締めくくりに、そのことに関するすばらしいエピソードを紹介しよう。

キャロライン・ミスは医療の分野で直感をもちいる卓越した透視能力者で、作家・教師でもある。そのため医師たちからはコンサルタントとして、諸団体からは講師として引っ張りだこになっている。完璧なプロ意識の持ち主なので、彼女はいったん仕事を受けたらなにがなんでも責務をはたそうとする。

あるとき、デンバーの会議で講演をおこなう予定だったのに、ほんの数日前にたちの悪いウイルスに感染してしまった。ふだんのパターンなら、それでも出かけてなんとか耐え抜くところだった。しかしこのときは、行かずに会議の主催者が代役を見つけるのを助けるべきだと、彼女の中のなにかが告げた。

結局、霊性と医学の出会いを専門分野とする、医師で教師の女性を推薦することになった。代役を決めるのにたった一日かそこらしかなかったので、主催者は医師のオフィスに電話をしたが、出張で不在だと言われてしまった。でも彼女は週末はデンバーにいて、その会議がひらかれるのとちょうどおなじホテルで講演をする予定だという。

土曜日に会議の主催者が発見したのは、彼らのプログラムが進行している会場から、なんとホールをへだてた真向かいの部屋でその医師が講演をしていることだった！　手遅れでないことを願いながら、ホールを横切っていき彼女と話をしたところ、こころよくキャロラインの代理をつとめることを承知してくれた。その日の会議で彼女がおこなった即興の講演は大成功だった。終わったあと、聴衆のなかにいたひとりの編集者が近づいてきて、こんなことを言い出した。かねてからお会いしたかった、講演であなたが話した内容には本当に興奮した、よかったら本を書いていただけないだろうか？　医師は歓喜にふるえ、その日の夕方までには出版契約が成立していた。

ときには、この話のキャロラインのように、あなたはだれか他の人の実現化が起きるための手段にすぎない場合もある。いつがそれに該当するかを敏感に察知することは、あきらかに実現力強化プログラムの一部に含まれる。それはあなたの現実のバイタリティを確実に高めてくれるだろう。

第6章　実現化プロジェクト

実現化のプロジェクトを開始するのは、いってみれば菜園を作るようなものだ。それはただなにかを引き寄せるというより、むしろ大切に育てていく営みである。わたしの菜園にニンジンがほしければ、どこからか引き寄せてこようとは思わない。ニンジンの種子から育てる。心の技術もそれと似ている。願うものを自分の内側から育てていくのだ。

この菜園作りのプロセスは三つの段階をへて進行する。まず最初に実現化したいものがどんな性質をもつか、自分とどうつながっているかを評価する。この章のテーマである。

第二段階では種子のイメージを作り、それを自分という存在の土壌に植える。つぎの章のテーマである。

第三段階では、自分の内側と世界全体から引き出した滋養のエネルギーと結びつけることにより、その種子を育てていく。これは第7章と第8章で扱う。

〈プロジェクトを評価する〉

いざ実現化のプロジェクトに着手しようというとき、きっとあなたの心にはほしいものがちゃんとあるだろう。それは物かもしれないし、あるいは人、あるいは新しい仕事や健康の改善といったひとつの状況かもしれない。または内的な状態、たとえばなんらかの問題をもっとはっきり理解したいとか、心の平安がほしいのかもしれない。おそらくあなたは望むものの形態について、その外見、役割、機能などを考えている。多かれ少なかれ、実現化しようとしているものの形態は視覚化できるはずだ。

ほしいものがわかったところで最初の課題は、実現化プロジェクトを始めるにあたり、その目標と自分との関係性についてなんらかの基本的な結論を出すことだ。これはプロジェクト自体との予備的な同調である。あなたの実現化はどのような性質のものか？　成功したら、そのことをどうやって知るのか？

一連の質問に答える形でこれをおこなう。答えはぜひ書きとめてほしい。作業を現実に根づかせるための役に立つ。なんなら瞑想状態か、心を静めた状態で、実現化したいものが目の前にあらわれるのを想像し、それに向かって質問をしてもかまわない。その場合は質問の答えのほかにも印象、イメージ、感覚、感情など、浮かんでくるものはなんでも書きとめておく。

このエクササイズの目的は、プロジェクトの開始時点であなたと目標のあいだにいったいどんなエネルギーが存在するか、はっきりさせることである。そこに実際どのくらい使えるエネルギーがあるかを見きわめる、プロジェクト評価のエクササイズと考えよう。やってみて、もし自分と目標のあいだに本当はあまりエネルギーが通っていないと判明したら、おそらくそれは一時の衝動にすぎなかったか、または他人の提案につい乗せられてしまっただけなのだ。（広告はそんな提案の宝庫である！）その場合はもう先へ進む必要はない。

逆にもし、このプロジェクトがまだあなたを惹きつけてやまないなら、つぎの段階へ進むことができる。そこには実現化の種子となるイメージ作りという、深い心のワークが含まれる。

〈プロセスを調整する〉

先へ進む前にひとこと。このあとの質問集および次章のエクササイズは、あるプロセスを説明するとともに、具体的なステップを提供するよう設計されている。すべての質問があなたの実現化の特定の目標に適合するとはかぎらない。また次章のエクササイズも、自分の状況に合わせて改変する必要があるかもしれない。重要なのは、なぜそのような質問やエクササイズがあるのかを理解し、必要に応じて調整できるようになることだ。

〈お金を実現化する〉

実現化したいものがお金の場合、特にいまの話があてはまる。心の技術をもちいる状況において、金銭はあくまで抽象概念である。それは目的に達する手段を意味し、かならずしもそれ自体が目的にはならない。本当にお金そのものを実現化したいという人には、これまでほとんどお目にかかっていない。通常は借金を返すとか、事業の資金にするとか、なにか別の目的でそのお金が必要なのだ。実現化を達成するひとつの方法として金銭を受けとることはあるかもしれないが、お金を実現化プロジェクトの事実上の対象にすれば、それなりの特殊な問題が生じてくる。

心の技術に取り組むとき、あなたはものの形態だけでなく、その内的次元も扱っている。目標の形態、パターン、エッセンス、合一の周囲に新しい現実のエネルギーを織りなしているのだ。しかし二百五十ドルとか五千ドルとか、実現化したい金額の形態とはどんなものだろう？　そのパターンやエッセンスは？　現金の山を視覚化すればよいのか、それとも望む金額を受けとったことを示す通帳の頁をイメージするのか？　そうしたければべつにかまわないが、でもわたしの教えているプロセスは、たんなる金額よりも、お金がほしい理由である特定の物や状況や人間関係などを目標にしたほうが、全体としてもっと効果的に作用するだろう。

ただし、いったん実現化プロジェクトの種子となるイメージ、つまり物や状況や人を中心としたイメージができてしまえば、それを象徴するシンボルとして具体的な金額をもちいることはできる。

では、借金を返すために三千ドル実現化したいとする。お金自体を対象にするかわりに、借金から自由になった状態を視覚化してみよう。人生のあらゆる側面で、それがどんなふうに感じられるかを想像する。たとえば、その自由は身体の感覚にどんな効果をおよぼすか（ストレスが減る？）、人間関係には（もっと開放的で元気になれる？）、スピリットにはどうか（心の平安が深まる？）。あなたが実現化したいのは、その効果である。それを目標に設定しよう。

逆説的だが、金額の具体性そのものが実現化を制限しかねない。ほかの選択肢の入る余地があまりないからだ。先の例では、具体的な金額よりも借金がなくなった状態を目標にすることにより、借金がべつの手段で帳消しになる可能性を残しておける。たとえば個人に借りたお金であれば、相手がそのお金を贈与してくれる気になるかもしれない。（ただし銀行から借りているなら、ひきつづき正確な金額にフォーカスしたほうがいい！　銀行は消えてくれないから。）

〈質問によって同調する〉

以下のプロセスは、あなた独自の実現化プロジェクトに合わせて調整する必要があるかもしれない。そのことを理解していただけたら、さっそく質問に移ろう。

★なぜ、わたしはこれを実現化したいのか？

成功するためには、なぜその実現化プロジェクトに着手したいのか、明確にしておく必要がある。理由がしごくはっきりしている場合もあるだろう（「新しい仕事がほしいのは、前の仕事が終わってしまって、働く必要があるから」）。ここでは表面の動機がすべてである（ただし、ここでもさらに深く追求すれば予想外の収穫があるかもしれないが）。

いっぽうで、表面の動機や欲求がもっと重要な問題をおおい隠していることもある。そうした問題を掘りさげていくことで、実現化のプロセスをうながす明確で創造的なエネルギーを解き放てるかもしれない。特に、個人的な動機の陰に、自分を集合的な幸福の追求に取り組ませるようなものを見つけた場合はそうだ。たとえば、ある職につきたい理由はそれがもたらす収入と安定、もしくはその仕事自体に興味があるからと思っていたのに、心の奥を探っていくと、本当に自分を惹きつけているのは理想主義的な手応えで、その職（あるいはそこから得られる収入）が共同体に奉仕するためのよりよい機会を提供してくれる、と感じていることがわかったりする。実現化をこの奉仕という動機に同調させれば、もっと包括的で霊的なレベルのつながりから生じるエネルギー源を、さらにふんだんに活用できるようになる。

その逆もまた真なりで、崇高で利他的な理由からなにかをもとめている、と自分で思っていても、本当の動機はたんなる利己心と貪欲さかもしれない。（「あの高給の仕事につけば、慈善事業にもっと寄付できるようになるだろう。もちろん大邸宅とＢＭＷとヨットも買えるし！」）こんな欺瞞は、アクセスできるエネルギーの全体量を制限しかねない。

純粋に自分の利益だけをもとめてなにかを実現化するのは、それ自体べつに悪いことではない。ただ、自分自身や他者に対してそうではないふりをすると、内面に欺瞞のパターンを作動させてしまう。それを頻繁に習慣的におこなっていけば、同調と信頼という内なる土台にダメージを与える。その土台こそ、人生にすっきりとしたポジティブなエネルギーを保持させてくれるものので、実現化のプロセスはそのエネルギーを糧としているのに。

★この実現化とわたしの自然な〝つながり〟はなにか？

自然なつながり、つまり類縁性は実現化に力を与える要素になる。つながりは環境を通じて生まれたり（親密な関係を実現化したい相手はおなじオフィスで働いている人だ、というように）、あるいは関心事、共通の人間関係など、いろいろなきっかけで生まれる。あなた自身の情熱や人生の流れから生じるつながりもある。

たとえばわたしはコンピュータ関係が好きで、仕事でもさまざまに活用している。また船遊びにも好感をもっているが、実際にボートに乗ることはめったになく、陸地を離れるとかならずしも居心地よく感じない。船遊びはきっと楽しいだろうが、あまりそのことについては考えない。けれど新しいコンピュータ・システムのことや、いま所有しているシステムのアップグレードについてはしょっちゅう考えている。そんなわたしの情熱の流れにおいてはコンピュータを実現するほうが、いっときの興味にすぎないボートの実現化より簡単だ。コンピュータとは自然なつながりを持っているが、ボートとはそれがないからだ。

あなたと実現化したいものとのあいだに自然なつながりが少ない、あるいはまったくないようだと思われる場合も、その実現化が絶対に無理なわけではない。ただ両者のあいだにそのプロセスを活気づけるような興味と高揚感の自然な流れが存在しない、ということだ。したがって、あなたはさらに注意深く慎重に、エネルギーをその願望へと方向づけていかねばならないだろう。

★この実現化とわたしのあいだに、どんな自然な適合性があるか?

適合性とは、実現化したいものがあなたのいまの現実とどのくらい調和するか、を測る物差しである。両者はどの程度うまく、たやすく互いになじむだろうか? それはあなたの望むものかもしれないが、本当にあなたの人生とパターンに溶け込むだろうか？　もしそうでなければ、つながりをもっと調和させるためにどんな変化を起こす必要があるだろう？

適合性は人生のどの側面、どのレベルにもかかわってくる可能性がある。あなたの実現化はいまの経済的な状況と適合性をもつかもしれないし、もたないかもしれない。（たとえば家賃が払えず家族を養うこともできないのに、千ドルのステレオセットを実現化するのは適合性をもたない。いっぽうで、もしあなたがプロのミュージシャンで、収入を得るには仕事でそのサウンド・システムが必要になる、というならまったく話はべつだ）。仕事の状況や、あなたの才能、技術、環境、現在の人間関係など、さまざまな要素に対して適合・不適合が考えられる。特定の個人がからむとき、あるいは特定の個人が関係するような状況を扱うとき、適合性にはそれぞれの意志の調和も含まれる。あなたがわたしを実現化したいとしても、わたしがあなたに実現化されたくなければ、われわれの目的は適合性に欠けている。肉体的には類縁性があっても感情や理性の面で共通点がほとんどないとか、意志と目的は適合しているが、職業や住まい、あるいは人生の優先事項が適合しない場合もある。

不適合の性質と程度によっては、実現化の対象を潜在的な現実と見なすことに困難をおぼえるかもしれない。もし実現化したいものが、いまある現実とはまったく適合しないように思われたら、おそらくあまりリアルには見えないだろう。それでは実現化のプロセスがずっと難しくなる。

★実現化したいものは、わたしの全体性とどのくらい両立するか？

それはあなたの身体の健康や、心の安定、霊的な整合性、人との関係、創造的・生産的な人間としての能力などと、うまく折り合うだろうか？　それはあなたの内なる実在を弱めるのか、それとも強めるのか？

あなたが実現化を試みるものの多くは、その点では中立かもしれない。（トースターを実現化しても、おそらく神との交流に影響はないだろう。）しかし、もし両立するかどうかが問題だとしたら、それは実現化プロジェクトに同調することを妨げる重大な要因になりうる。おなじように、ある実現化があなたの人生で現実のものとなる強い潜在性をもつ、という意味で適合していても、まだなんらかの面であなたと相容れないことはありうる。

たとえば、わたしが生態系のバランスを促進し、環境汚染を避けることにコミットしていたとする。その場合、車を実現化するのはわたしの現実の諸事情には適合するかもしれないが、価値感とは適合しない。車を実現化できそうな方法はいろいろ思いつくが、そうすることは地球に負担をかけずに暮らし、化石燃料を使わず、環境を汚染したくない、などの願望とは矛盾する。なんらかの理由でどうしても車を実現化する必要があれば、自分の価値観が実現化のプロセスそのものに与えるインパクトと影響力に対処しなければならない。適合性はあるが、両立しないのである。

多くの価値観は知性や感情のレベルに存在するが、実現化にはその他のレベルもかかわってくる。両立の問題は、形態と内容のレベルのみならず、パターンとエッセンスと合一のレベルでも探究される必要がある。だから、あなたの実現化はあなた自身の深奥にひそむ自己との、そして聖なるものとの同調や関係性とはどのくらい両立するか（または成功したあかつきにどうなるか）、自問してみよう。それはあなたという存在の全体性と調和、すなわちエッセンスに対して、また合一感とつながらせてくれる霊的な同調に対してどう作用するだろうか？　この実現化は、あなたのパターンの一部である周囲の人々の幸福とはどのくらい両立するか？　この実現化でだれが傷つき、だれが救われる可能性があるか？

実現化のこうした集合的側面を見ていくことで、潜在的な味方と敵も、結果の可能性も正確に見きわめられる。その実現化を続行すべきかどうか、倫理的・道徳的に判断できるようになる。

★わたしは実現化のひき起こす変化を受け入れる意志があるか？それはどのような変化か？

実現化は、成功すればかならず（ときには成功しなかった場合でも）変化をひき起こす。すくなくとも、あなたはほしいものを手にしていない人間から、手にした人間へと移行するわけだ。さらに、実現化したものはさまざまなパターンや結果をともない、それによってあなた自身なんらかの変化をとげないわけにはいかなくなる。

つながりの欠如も、不適合あるいは両立しない要素もすべて、変わろうとする意志によって縮小することができる。さっきの例に戻ると、環境と汚染の問題に心を痛めるわたしも、移動手段としての車をどうしても実現化したければ、車を所有したおかげで自動車＝石油産業に与《くみ》することになるのは不本意だ、という気持ちを変えなくてはならないかもしれない。

できるかぎり、変化するときは自覚をもって注意深くあるべきだ。実現化の成功がひき起こしうる変化を、どんな小さなものまで予想するのはおそらく無理だろう。だから問題は、あきらかな変化を見分けられるか、ということである。それはまた、実現化のために変化する意志があるか、という問題でもある。なにかを望むけれど、それがもたらす変化は受け入れたくないとすれば、あなたの実在の一部を実現化のプロセスに参加させないことになり、それが成功を妨げかねない。たとえばある人が伴侶を実現化しようとしていても、もし独身の自由さを捨てたくないと思っていたら、その変化したくない気持ちが実現化の障害になる。思い出してほしい。実現化は魔術的な手段をもちいた支配と操作のプロセスではない。実現化するとき、あなたはひとつの関係性に参加するのである。そこであなた自身も変容に対して無防備になり、その作用を受ける。

あなたの知るかぎり、あなたの実現化にはどんな変化が内在しているだろう？　あなたにはどのくらい、その変化を起こす意志があるだろう？

★実現化したいものに対して、わたしはどんな貢献をはたすか？

あなたは実現化したものを人生に受け入れるとき、それがよりよくなるような形で、つまりそれ自体の創造のレベルが以前より豊かになるような、そんな形で受け入れられるだろうか？　その目的と意図をどのように高めることができるだろうか？

もちろんトースターや車に対する貢献と、人間や関係性や仕事への貢献のしかたは異なるだろう。しかし実現化は一方通行ではない。あなたは実現化しようとしているものの幸福のために、どんなことをするつもりか、あるいはなににコミットする意志があるか？

実現化したものになにをしてもらいたいか、はわかりやすい。その物なり、人なり、状態なりに対して感じる欲求や必要性の一部として、その点はすでに探ってきた。しかし実現化したもののために自分はなにができるか、というレベルに同調するには認識の転換が必要だ。それでも実現化を可能にするため、そして成功したあとで敬意を表するためにも、自分がなにをし、なにを与えるつもりか自覚できるようになれば、それだけ実現化プロジェクトを流れるエネルギーはより豊かに、より共同創造的になっていく。

これら六つの質問に答えるなかで、あなたの実現化の性質について洞察を深めることができるだろう。得られた洞察にもとづき、よく考えたうえで、実現化プロジェクトの中止または変更を決定する場合もあるかもしれない。だが、たとえば不適合や自然なつながりの欠如が判明したとしても、だからといってその実現化が成功できないわけではない。ただ、そうした要因と、それらがひき起こす結果の可能性を考慮にいれる必要があるというだけだ。

★十段階評価にすると、わたしはこの実現化をどのくらい本気で欲し、あるいは必要としているか？　この願望はどれほど深いものか？　この実現化プロジェクトにわたしはどの程度コミットしているか？

あなたにとって、この実現化にはいったいどれだけのエネルギーと情熱が存在するかを知っておく必要がある。願望や必要性の力はプロセスを推し進める動力源のひとつである。それは願望がそれ自身でエネルギーの場を生じさせるからであり、また、願望の強さはあなたがどのくらい粘りづよく実現化プロジェクトを支え、育みつづける意志をもつかを示すからだ。プロセスを完遂するために必要な内的作業に（もしかすると外的な作業にも）あくまでも取り組む覚悟があるか、それで判断できる。

また、その願望がいったいどこから来ているかも知っておくといい。われわれはみな、毎日のように表面的な欲求に動かされている。それはそよ風を受けた湖面のさざ波のように、あらわれてはすぐに消えていくものだ。テレビやラジオ、新聞、雑誌、バス、広告掲示板、そして建物の側面にさえ広告があふれ、欲求を呼びおこすように計算された環境にわれわれは住んでいる。刺激を受けてなにかがほしくなったり、なにかが必要な気分になったりするが、その気分は本当はあまり強くない。つぎの波が来るまで持ちこたえる程度だ。広告から発生した興奮のエネルギーを帯びてはいるが、そのエネルギーはあなたとそれほど深くはつながらず、深い情熱と興味を引き出しもしない。やがて消えてしまう。

というわけで、あなたの願望はどんな刺激によるものか？　それは必要なものか？　自分の内側から生まれたものか？　それとも環境の投影か？　もしそうなら、実現化プロジェクトを維持するために必要な「肝心のもの」がそこにはないかもしれない。

べつに、衝動的な欲求が実現化の対象になり得ないとか、実現化を起こせないと言いたいわけではない。もし状況が適切で、あなた自身の世界との全般的な同調が強くいきいきとしていれば、それも可能である。ただ、あなたが使おうとしている〝わざ〟、つまり心の技術は尊重したほうがいいということだ。

芸術家のように考えてみよう。彫刻を作り、絵を描き、詩を書くには、必要なステップを踏んであくまでも完成するまでやり遂げる、という決意を要する。いつも手をつけるばかりで最後まで行かないとすれば、せっかくのエネルギーを浪費し、腕を磨いて熟達することを妨げるような癖がついてしまう。表面をかすってばかりでは、けっして芸術の深みに分け入ることがない。

実現化もひとつの〝わざ〟である。時間と決意と最後まで見届ける意志によって敬意を表する必要がある。そうしなければ、深いレベルにふれることはかなわない。

★この願望を満たすような選択肢はほかにあるか？

ほしいものはわかっているが、その目標を達成するべつの方法はないだろうか？　特定の仕事を実現化しようとしている場合、もしやべつの種類の仕事でもかまわない、ということはあるだろうか？　あなたは特定の家を実現化しているのか、それともたんに新しい住まいがほしいだけか？　実現化の展開のしかたと、それがとりうる形態に関して、どれだけの許容範囲があるか？

★この望みを実現化するために、なにかべつの方法がとれるだろうか？

すべてのものを実現化プロジェクトで手にいれる必要はない。もっと直接的で適切な方法が手近にあるかもしれない。ほしいものをたんに買うとか、稼ぐとか、貯金でまかなうことができるなら、実現化プロジェクトをもちいるまでもない。

たとえばわたしが「新しいコンピュータ・システムを実現化したい」と言ったとする。この発言の背後には「いますぐアップグレードするお金はないが、資金ができたらそうするつもりだ」という思いがある。わたしはこのために、本当に実現化プロジェクトを作る必要があるだろうか？　どうしたら新しいコンピュータが入手できるか、わからないわけではない。そのために貯金を始め、場合によっては収入を増やす手だてを探してもいい。魔法のような形で実現化できるかも、と考えることは、むしろ願望を満たすために必要な実際的な努力を怠らせるかもしれない。

そのいっぽうで、実現化の技術を実践することにより、われわれは人生に作用する深遠な力とつながることができる。これはよいことだ。わたしは自分で買えるものや通常の方法で得られるものだとわかっていても、実現化のプロジェクトを立ち上げることがある。それは、自分のなかの到達しうるもっとも全体的な場所から、この行為に入っていくという体験がしたいからだ。わたしの獲得するものは自分と調和し、自分の全体性と同調した、意識的な共同創造の産物であってほしい。そのときわたしは、ただなにかを手に入れる手段というだけでなく、同調の実践としてプロジェクトを利用しているのである。

〈終了宣言を作る〉

最後に、すべての質問に答え（ほかにもプロジェクトを検討・評価する助けになりそうな質問があればそれも網羅して）、そのうえで先へ進もうと決めたら、あともうひとつすべきことがある。あなたの実現化プロジェクトが終わったとき、どうやってそのことを知るか、できるだけ具体的に書き出してほしい。実現化したものをどのような形で受けとるかはわからないかもしれないが、最終結果の漠然としたイメージはあるはずだ。プロジェクトがどう終了するかを書いておこう。

われわれはみな、終わりのないスタイルの実現化を日々おこなっている。共同創造の場を発生させ、それがわれわれの全体的なアイデンティティの特徴とできるだけ一致するような形で現実を結びつけ、形成してくれる。いったい人生にいつ偶然や共時性、ちょっとした好機や奇跡があらわれるか見当もつかないが、われわれはつねに宇宙の組織化し、生成し、創造する基本的な力とはつながっているため、自分で意識的に考えなくても、その力の作用によりそういう出来事が起きるようになっているのだ。

実現化のプロジェクトはそうではない。そこには始まりと終わりがある。達成したい明確な目標がある。そのプロセスを助けるために、その目標をできるだけはっきりと具体的に述べておくことが必要だ。これはあなたの目的表明である。事業計画書や銀行に提出するローンの申請書のように、文章に書くことで実現化は抽象性を脱し、具体的になりやすくなる。結局はその具体的な次元で起きてほしいことなのだから。そうすれば、自分が特定の明確なものを実現化していることがはっきりわかる。あなたは波の領域から粒子の領域へ、エネルギーを変換しているのである。

〈〝卵をあたためる〟期間〉

以上のことが全部終わったら、質問の答えと終了宣言を三日間どこかにしまっておく。そのあいだ見てはならないし、実現化プロジェクトのことも考えないようにする。ここまでのプロセスで呼び起こしたエネルギーを大切にあたため、寝かせておこう。

三日すぎたら取り出して質問と答えを読み返し、いまなら自分がどう反応するか見てみる。さらなる洞察はあるだろうか？　もしあれば書きとめておく。いまでも興味はあるか？　プロジェクトはまだあなたをワクワクさせるか？　万事準備完了か？

〈日誌をつける〉

イエスなら、日誌を用意しよう。プロジェクトに関するさまざまな事柄をここに記録する。これからおこなうエクササイズやその結果だけでなく、それ以外の想念、イメージ、アイディア、夢、洞察、同調、偶然、共時性など、先へ進むにつれて出てくるものをなんでも書きとめ、保存しておく。この日誌を使って、プロジェクトの経緯と心の技術の活用における自分の進歩を記録しよう。また、そのほかにも自分自身の深いレベルに同調した結果、浮かんできた内省や洞察の保存場所にしてもいい。

日誌の準備もできたら、いよいよ心のワークに進もう。これから使っていく種子のイメージを創造する作業である。これをわたしは実現化の遺伝学と呼ぶ。

第７章　実現化の遺伝学

一九六二年、ジェームズ・ワトソンとフランシス・クリックはＤＮＡの分子構造を決定した業績によりノーベル賞を受賞した。同一のヌクレオチド連鎖二本が水素原子の手によって結合し、たがいにからみ合ってらせん状になっているという、二重らせんのイメージを最初に提唱したのが彼らだった。

わたしがアリゾナ州立大学に入学したのも、そのおなじ年である。科学者という職業に興味をもっていることは自覚していたが、さてどの分野を専攻すべきか？　二重らせんのイメージはわたしを刺激した。その概念の美しさ、みごとなまでの精密さと簡潔さに惹《ひ》きつけられた。結局、分子生物学者になって遺伝学を専門にしようと決めた。おそらく自分でもいつかノーベル賞をもらうのをイメージしたに違いない！

もちろんすでに述べたように、わたしの人生は自然にそうでない方向へと導かれた。わたしという人間の二重らせんの一本が科学だとしたら、もう一本は人間の霊性と内面にあるさまざまな次元への気づきだったからである。最終的に優位を占めたのは後者で、わたしは神秘学に関心のある科学者ではなく、科学に関心のあるフリーランスの神秘主義者に落ち着いていた。（そのプロセスで、いったい科学者と神秘主義者のどちらが負けてどちらが得をしたのか、自分でもよくわからない！）

それでも二重らせんのイメージは、依然としてわたしにはパワフルなものだ。そこで、例によって、それを実現化プロジェクトの次の段階を示す比喩的イメージに使わせていただく。あなたと実現化したいもののあいだに、共鳴と同調のらせん状の相互作用すなわち二重らせんを作り出すのである。それがあなたの実現化のいわば「ＤＮＡ」になる。

ＤＮＡ分子を想像してみよう。二本の鎖がくねくねと曲がりながらたがいにより合わされている図を、あなたもおそらく見たことがあるだろう。それぞれの鎖にアデニン、グアニン、チミン、シトシンという四個の窒素塩基が含まれている。（心配はご無用。これらの名前は実現化に直接関係はない）。二本の鎖はこれら四個の塩基の部分で水素の手によって結合されている。その結合が鎖をひとつにまとめ、二重らせんを形成させる。

このイメージを比喩として心に刻み、あなた自身と願望の対象について考えてみよう。それぞれがアイデンティティの鎖、存在の鎖であり、物質的存在というもっとも粒子的なレベルから、内蔵秩序と合一と聖なるものの神秘という波的なレベルにいたる曲線を描いている。ＤＮＡの化学構造のように、あなたと対象も四つの接点において、つまり形態として、パターンとして、エッセンスとして、また合一状態に参加する者として、たがいにつながろうとする。

四つのつながりをしっかり胸に刻みつけ、それらが全体として創造するものの感触を得たとき、あなたは目標のＤＮＡをエネルギーレベルで実現化のために作りあげたことになる。それはあなただけでも目標だけでもなく、両者が共同創造的に融合したものだ。あなたの心に二重らせんができ、やがてそれが展開して実現化の本体となるまで大事に育てていくのである。

実際的な言い方をすると、この二重らせんは心理的・霊的な構成概念またはイメージの形をとる。それは実現化しようとするもののたんなる視覚的イメージではない。そこには実現化の形態に関する情報のみならず、そのつながりと関係性、その魂、その合一状態における一体感についての情報も含まれるからだ。しかし、ここではわかりやすさを優先してこの概念を「種子のイメージ」と呼ぶ。

〈種子のイメージをつくる〉

わたしの知るかぎり、どんなスタイルの実現化もなんらかの視覚化（ビジュアライゼーション、視覚的イメージ作り）をともなっている。通常は目標とするものの形態を視覚化する。フィンドホーンの友人がギターの実現化をめざし、ほしいタイプのギターの写真をまわりじゅうに貼って視覚化の助けにしていた話を覚えているだろうか？

わたしのアプローチでは、そのような表面的な視覚化は出発点ではあっても、さらに深めていくことが必要になる。表面下に隠れ、形状の内側に、外見の裏側にひそんでいるものを視覚化するのだ。これを「深奥の視覚化」と呼ぶ。それを使って実現化したいものの形態、パターン、エッセンス、そして合一状態を見ていく。このプロセスで種子のイメージができあがると、こんどは実現化プロジェクトの一環としてその種子のイメージを視覚化し、エネルギーを与えていくのである。

手始めに、実現化したいと思うなんらかの物、状態、あるいは人間関係をひとつ選んでほしい。そして、わたしが粒よりのエクササイズを使って解説していくプロセスに従い、実際にやってみよう。各エクササイズの終わりには、結果的に浮かんできたイメージ、気持ち、洞察、直感などを、かならず実現化プロジェクト日誌に書きとめておくこと。

〈エクササイズをおこなう〉

本書のエクササイズをおこなうには、まず椅子に腰かけて自分をリラックスさせるところから始めよう。しだいに静かでおだやかな状態に入っていく。心を鎮めるような深い呼吸を何度かくりかえし、あとはただ自分の呼吸を観察する。特殊な呼吸は試みない。そして目を閉じる。平和でおだやかな光景を思い浮かべてもいい。いろいろな思いが浮かぶだろうが、ただなんの判断もせずに観察して、それから手放そう。気が散ってきたら、そのまま呼吸の観察に戻る。さらにリラックスの度合いを深め、でも寝てしまわないようにする。獲物の足跡を見守るハンターになった自分を想像してみよう。野生の動物を驚かせて逃げられないように、じっと動かずにいたいが、同時に即応体勢を保ち、警戒と目配りも怠らずにいたい。すこし練習すれば、この警戒しつつおだやかな状態、あるいは身構えつつ静止した状態がだんだん楽にできるようになるだろう。

視覚化をするときは、ただ目を閉じて、まぶたの裏にテレビか映画のスクリーンがあるのを想像しよう。イマジネーションを使って、見たい光景あるいはエクササイズで描写された場面がスクリーンに映し出されているつもりで見ていく。

もしも、エクササイズや視覚化の途中で居心地が悪くなってきたり、体験している内容があまりにもきつい感じがしたら、たんに目をあけて通常の現実との接点をとり戻せばいい。二、三回深呼吸をしよう。立ち上がって歩きまわるなり、なにか慣れた活動をおこなうなり、飲み物や食べ物をとるなりして、あなたのエネルギーを地につけよう。不快感はすぐ消えるはずだ。なんの危険にもさらされていないし、つねに主導権はあなたにある。

また前の章でも述べたように、これらのエクササイズはあくまでも提案と例解であることを忘れないでほしい。もし違う方法を思いついて、そのほうがもっと自然に感じられたり、あるいは実現化するものにふさわしく、結果的におなじ同調状態を達成できるようであれば自由に応用してかまわない。要するに、ここで大事なのはプロセスを理解することであって、出来合いのレシピに従うことではないのだから。

始める前に、すべてのエクササイズにあらかじめ目を通しておくのもよいだろう。全体の目的と、実際の作業の流れがつかめるからだ。

〈種子の形態〉

つぎの三つのエクササイズは、実現化したいものの形態とあなた自身の形態、およびそのふたつがどうつながり融合するかを視覚化するものだ。種子のイメージの二重らせんを構築するうえで、第一ステップにあたる。ねらいは実現化が成功したあかつきに、それが物理的現実としてどのように感じられるかを体験することだ。

★エクササイズ：目標の形態をイメージする

これは深奥の視覚化のいちばん簡単な部分である。あなたの実現化の対象がどんなふうに見えるかをただ想像すればいい。その際、できるだけ五感を総動員する。つまりその形態の見かけ以外にも、どんな匂いがするか、味はどうか、音はどうか、感触は、というふうに想像していく。三次元で立体的にイメージし、さまざまな角度と視点から見てみよう。要はイメージをできるだけ充実させ、リアルにしたいのである。絵が得意な人ならその形態をイラストに描いてもいいし、雑誌などから写真かシンボルを見つけて切り抜いてもいい。それを大きな紙や壁などよく見えるところに貼って、視覚化の助けにしよう。

たいていの実現化のテクニックにおいて、イメージの明確さは美徳のようにもてはやされる。たしかに、ぼんやりしたイメージだとはっきりしたイメージよりは取り組みにくいものだ。具体性は美徳と言える。ただし、大切なのはかならずしもイメージの明確さそのものではなく、それがあなたにとってどれだけ明確かという点だ。なにを実現化しようとしているかによっても異なるが、とにかく目的はあなたにとってリアルに感じられることなのだ。

物や人の形態を想像するのはたやすいが、新しい仕事、よりよい人間関係といった〝状態〟を想像するのはやや複雑な作業になる。わたしが幸福や創造性や友情を実現化したければ、それらが自分にとっていったいなにを意味するのかを決める必要がある。もし自分が幸せなら、クリエイティブなら、友だちがいたら、具体的にどんなことを体験しているかを示す特定のイメージを考えだす必要があるのだ。ただ〝幸福〟というのではあまりにも漠然としてつかみどころがなく、実現化のプロセスに焦点もエネルギーも与えることができない。

わたしがある状態を実現化する場合、イメージのコラージュを必要とするかもしれない。どうしても単一のイメージでほしいものをうまく表現できなければ、同時にいくつかのイメージを心に描くか、あるいは合成イメージを作りあげる必要が出てくるだろう。

たとえばピーターは特定の種類の車をほしがっているが、スーザンはたんに頼れる移動手段がほしいだけで、おそらく車だろうと想定している。ピーターはほしい車のメーカーと型式、製造年、内装、車体の色、オプションの装備など、明確で詳細なイメージを作るところからスタートする。

これに対してスーザンのイメージはあまり詳細ではない。どんな種類の車が実現化できるかは気にしていないからだ。とにかく行きたいところへ行って、無事帰ってこられる手段がほしいだけなのだ。むしろイメージを作って瞑想してみると、本当に実現化したいのは物ではなく、状態だと悟った。車があれば必要は満たされるだろうが、ほかの手段でもそれは可能かもしれない。便利なカープール〔自動車の相乗り利用グループ〕に誘ってくれる人と出会うのもいい。公共交通が発達した場所に引っ越すのもいい。自転車を買ってもいい。ちょっとした旅行がしたいときはレンタカーを利用してもいい。つまり、自分の車を所有する以外のオプションがあるのだった。

スーザンは実際、「移動手段がある」という状態が自分にとってなにを意味するかをイメージしている。彼女の人生でこの条件がどのように満たされるか、その形をできるだけ具体的に設定することが必要だ。具体性の一部として、もし移動手段のニーズが満たされたらどんな気持ちになるかも、はっきりと想像する作業がともなうだろう。

★エクササイズ：あなたの形態をイメージする

この実現化プロジェクトを始めるにあたり、自分自身の明確なイメージを作っておこう。物理的存在としてのあなた自身の性質をじっくりと感じてみる。それがあなたの人生に与えるリアリティを感じてみる。意識をどこかへ飛ばしてぼんやりと白昼夢を見ていたら、空想の世界に遊んでいるときのあなたは半分しか身体にない。それではいまある現実がかすんでしまう。しっかりと肉体の中にいてはじめて、あなたは真に「いま、ここ」にいられるのである。肉体が物理的な宇宙の中であなたをどう位置づけているのか、時空間の中であなたをどう固定させているのか観察しよう。さまざまな物体や人間たちで構成される世界にこうして物質的に存在するという、ただそのこと自体にパワーがある。それを認め、感謝しよう。肉体は物質界への扉なのである。

このエクササイズはひとつ前のものよりさらに簡単なはずだ。（むずかしいときは鏡の前にすわっておこなうといい。）基本的に、あなたは自分の物質性すなわち肉体が、アイディアと想像とスピリットの領域に存在するものを物質世界へと移動させる、いわばレバーの役割をはたすことを認めているのである。いかなる実現化も最終的にはあなたを物理的にかかわらせる。なにを実現化するにしても、やがては物理的な人間としてそれに対処しなければならない。それはあなたの創造の一部となり、人生の責任の一部となる。

実現化という心の技術において、肉体はとてつもなく強い味方である。どこかの時点で、あなたの物理的形態は目標の物理的形態と交差し、かかわりあわねばならない。たとえ実現化しようとするものが心の状態であっても、それを体現できてはじめて確認できるのだ。あなたの身体の細胞にとってリアルにならねば、ただの考え、夢、希望にすぎない。

実現化するものの実在、すなわち内なる現実を身体で感じることができれば、形而上学的DNAの共通の鎖を束ねている四つのつながりのうち、ひとつができたことになる。種子のイメージの二重らせんが形をあらわしつつある。

★エクササイズ：ふたつの形態を結びつける

あなたと実現化の目標が物理的にともにある場面を想像しよう。もし人を実現化しているのなら、あなたがその人といっしょにいて、散歩をしたり、話をしたり、車に乗ったり、夕食をともにしたり、などの適切な場面を思い描く。物を実現化しているなら、それがあなたの所有物になっているところを見る。心の状態を実現化しているのなら、その状態にもとづいて行動している自分自身を見よう。たとえば〝自信〟を実現化しているなら、ふだんは心もとなく引っ込み思案になりがちな場面で、いまや自信をもって行動しているあなたの姿を見ればいい。

場面を構成するときは、五感を物理的に刺激するようなイメージを使ってできるだけリアルにすること。見えるものはすべてカラーで詳細に見る。その場面に自然に含まれていそうな音はなんでも聴き、匂いがするものはすべて嗅ぎ（たとえば松林にいるなら、木々の香りを楽しんでいる）、という具合に。

この作業によって、すでに実現化が成就したことを意味するもうひとつの現実をのぞきこんでいるのだ、と想像しよう。さらに、実現化したものを物理的現実の一部として、はっきり手ごたえをもって想像しているのである。

場面が安定しクリアになったら、分析せずに感謝しよう。その現実に波長を合わせ、じっくりと感じてみる。その中に入っていき、すこしのあいだその現実に浸ろう。この場面の中では実現化の成就が現実のものだ。その現実の〝質〟を身をもって体験してほしい。

このエクササイズのねらいは、目標との物理的つながりをあなたの肉体意識にとってリアルにし、その深いレベルの意識がこの現実を肯定し、具現化していくためにエネルギーを注げるようにすることだ。

〈種子のパターン〉

あなたは真空状態にたったひとり存在するわけではない。祖先、家族、友人、仕事仲間、場所、持ち物、活動、などのもろもろと関係性のネットワークでつながっている。共同創造的な宇宙観では、そうした人々も場所も状態も物もすべてあなたの共同創造者である。

われわれはだいたい自分がパターンの具現化だと考えることには慣れていないが、実際はそうなのだ。われわれの宿るパターンは、いわば自分の身体の延長、あるいは〝拡大した身体〟、もしくは広い意味で自分のエネルギー場にひとしいと考えられる。だれしもその目に見えない実在を（ときにはけっこう見えたりもするが）どこへでもともない、よくその影響力のレンズを通して世界との相互作用をもっている。ふたりの人間が出会うとき、それはふたつの銀河が互いを通り抜けていくような、あるいは二枚のクモの巣がともにそよ風に揺れるようなものだ。パターンとパターンが交差する。

実現化という心の技術において、パターンの概念は二重の意味で重要性をもつ。まず、それはあなたの内側のアイデンティティとエネルギーの所在地であり、そこから引き出すことのできる源である。そして、第二にそれは実現化するものの考慮すべき側面だ。いったい自分がなにを実現化しようとしているのか、そして自分の現実はそれに従ってどう調整する必要があるかを、より深く見ていくことができる。

このプロセスでいま構築している種子のイメージは、いわば、いま自分をシフトさせ焦点を合わせようとしている新しい現実をあらわすものだ。この新しい現実をじゅうぶんに理解しイメージする能力は、あなたと目標がおたがいパターン同士、銀河同士、ネットワーク同士いっしょになるということの意味合いをよく考えてみないかぎり、限られたものになってしまう。

★エクササイズ：あなたのパターンをイメージする

あなたのパターンを情報として調べていくことは可能である。祖先と親戚が全員どのようにつながっているかを示す家系図のように。しかし、ここでの趣旨のためには、どのようにつながっているかという情報にフォーカスするのではなく、つながっているという事実から生じるエネルギーの性質に焦点をあててほしい。

以下の質問は、このエクササイズで見ていきたい点を示唆するものだ。共同創造された存在としてのあなたはどんな人間か？　あなたは相互関連性の特徴から、どのような質のエネルギーを人生にもたらしているか？　あらゆるつながりの結果として、共同創造の産物としての〝あなた〟はどんな性質とエネルギーの持ち主か？

自分が五枚の鏡にかこまれた部屋にいるところを想像しよう。照明の加減で、どの鏡にもあなたの姿が映っているが、顔だけは陰になって見えない。鏡の一枚は「祖先」という名前がつけてあり、もう一枚は「家族」、三枚めは「友人」、四枚めは「仕事」とある。最後の鏡には名前がついていない。

祖先の鏡をのぞいてみよう。いまの自分が映っているが、見ているうちにあなたの姿の背後と周囲にほかのイメージが浮かびあがってくる。あなたの祖先だ。両親、祖父母、そしてもっと古い世代の人々のイメージも見える。あなたの人種的・民族的伝統を示す元型的な存在まで見えるかもしれない。

彼らのイメージがあなたの姿をとり囲み、見ているうちにだんだんぼやけて融合しはじめ、あなたのまわりに光のオーラを形成していく。その光の中で、あなたのイメージがすこし変わってくる。陰になって見えなかった部分がはっきり見えてきたのだ。でも、それはふだん見なれた自分の顔ではなく、祖先のつながりから出現したあなたである。家系の遺産によって共同創造された、あなたの姿だ。

このイメージを注意深く見てみよう。どんな顔をしているか？　この姿からどんなエネルギーを感じるか？　あなたにどんなものを提供しているか？　なにか言ったり、なにかしたりするだろうか？　よく観察しておこう。

祖先の鏡の自己をじゅうぶん見たと思ったら、こんどは家族の鏡を見てみる。これは現在の家族、伴侶、子供、兄弟姉妹、いとこたち、などとつながったあなたである。もし、いま家族がだれもいない場合はこの鏡は空白になる。あるいは別の名前をつけて、人生における別の分野のつながりを見ていってもいい。

こちらの鏡でもおなじプロセスを繰り返し、祖先以外の血縁関係の共同創造による産物としては、どんな姿が出現するかを見てみよう。やはりよく注意して、ここではどのようなエネルギーがあらわれているか、そしてあなたの綿密な吟味に対し、その存在がどんなことを言ったりしたりするのか観察する。

このエクササイズをあと二枚の鏡でもおこなう。一枚はあなたが友人たちと形成するつながりを反映し、もう一枚はあなたの仕事、同僚、従業員、上司など、仕事関係のつながりを反映する。ここでも、どれかの鏡があなたの人生にとって重要なつながりの分野を示すとはいえない場合、自分で選んだべつの分野の名前をつけてかまわない。

それぞれの鏡に映しだされた自己と出会ったら、最後に五枚めの無名の鏡に向かおう。すると、ほかの鏡に映っていた姿が鏡から出てきて、ひとりずつ五枚めの鏡に入っていく。全員が入ったあとの鏡には、だれか、あるいはなにかが映っているだろうか。それはあらゆる共同創造によって出来上がったあなたと、あなたという全体的な存在のなかでもその共同創造的な側面のエネルギーをあらわすイメージのはずだ。

ここまでとおなじように、よく注意してこのイメージを観察しよう。とりわけ重要なのは、それが表現しているエネルギーを感じとることだ。鏡にふれて、エネルギーを自分の中に引き入れよう。どんな感じか味わうのだ。そのエネルギーを熟知しておけば、思うままに呼び起こし、そのパワーを人生に引きこむことができる。

たんなる肉体という形態だけではない、パターンの存在としての自分自身と自分のエネルギーに接触できたと感じたら、鏡の姿にお礼を言って背を向けよう。鏡は空白になり、エクササイズは完了する。

前にも述べたとおり、このエクササイズの目的はあなたのパターンの身体、あるいは拡大した身体を構成するつながりのすべてを突きとめることではない。それはほとんど不可能だろう。つながりをたどっていけば、無限に続くといってもよいからだ。もちろん、なかにはあきらかにほかより強い、中心的なつながりがあるにしても。だれしも自分の住んでいる土地や、家屋・建物、所有し使用している物品、そして多くの人々とのつながりを持っている。その種のつながりまでこのエクササイズの範囲を広げたければ、自由にしてかまわない。ただ、目的はあくまでパターンの具現化としての自分を経験し、そのエネルギーがどんなものかを感じることだという点を覚えていてほしい。

★エクササイズ：目標のパターンをイメージする

実現化に成功すると、望んだ物や人や状態のみならず、その共同創造者もあなたの世界に引き入れることになる。ちょうど結婚のようなもので、伴侶を得るだけでなく姻戚もできるのだ。もしあなたと姻戚の相性がよくなかったとしても、結婚を止めることにはならないかもしれないが、やはり前もって知っておいたほうがショックが少ないだろう。

このエクササイズでは図式を書いてもらう。白い紙を用意して、中央に実現化したいものの名前を書く。それを円で囲み、さらにもうひとまわり大きい円で囲む。外側の円の中に、この実現化に関連したあなたの望む質・特性を書きこむ。それから、この二重の円のまわりに目標とつながりを持つ、あるいは持ちそうな事柄をなんでも書いていき、それぞれを円で囲み、中央の円と直線でつなぐ。全部できたら、そこにはあなたの中心的な願望とつながりのある（すなわち共同創造者である）さまざまな物、場所、状態、感情、シンボル、イメージ、人などの名前がならんだ具体的イメージが完成する。

この紙をざっと眺め、特にひとつの要素に集中することなく、全体的な展望の感触をつかんでほしい。図式全体をじっくり見ていくと、なにかつけ加えるべきパターンかイメージが浮かぶだろうか？

このエクササイズによって得られた印象、イメージ、洞察などは別紙に書きとめておこう。体験の中で、この実現化には自分にとって居心地よくない、または望ましくない部分や結果があると感じられたら、それは貴重な知識である。それならもう実現化プロジェクトは中止して、これ以上先へ進めないことを望むかもしれない。そうでなければ、自分で選ばないようなパターンにも出会うかもしれない、という知識で武装しつつあえて進んでいくことになる。

たとえば、ジュリアは海辺で夏休みを過ごしたいと思っている。貸家を実現化して、レストランに行かなくても自炊できるようにしたいと考えている。そのような一軒家のパターンを明確に

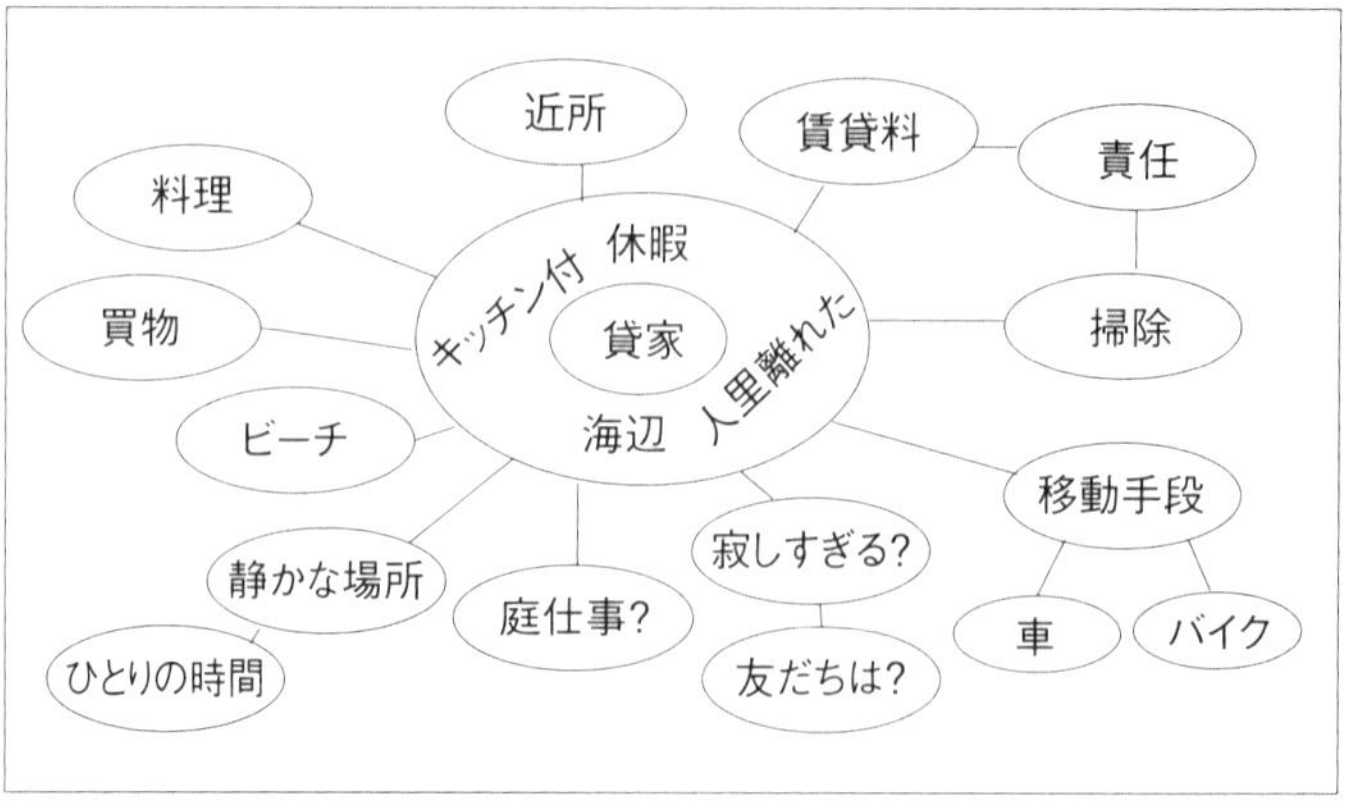

するため、彼女はつぎのような図を書いた。

続行することを決めた場合、つぎなるステップはさらに先へ進み、あなたのパターンと目標のパターンがいっしょになって、新しい現実のＤＮＡにおけるもうひとつの結合をどう作っていくかを探究することになる。

それにはふたつ方法がある。ひとつはジュリアがしたように、あなたの実現化が人生にもたらすであろう結果の意味合いと新たなつながりを検証することだ。新しいつながりは、あなた自身のパターン世界とどのくらい調和し融合するか？　適合しそうな部分と適合しなさそうな部分はどこか？

単純な物を実現化しているのなら、あきらかにそのパターン世界はたいして複雑ではないはずだ。車の実現化を例に考えてみよう。成功すれば、あなたは人生に自動車だけでなく、その共同創造者として運転免許証、自動車保険、ガソリンや石油製品という形での石油産業、ある程度の環境汚染、駐車スペースや車庫の必要性、維持費と修理代、登録費用、警察のレーダー監視網、などを人生に引き入れることになる。車を持つというのは、本当は特定のライフスタイルを選ぶことにひとしい。もしそれがあなた自身やあなたのパターンとは矛盾する点があり、望まないライフスタイルだとしたら、完璧な実現化ではないのかもしれない！　そしておそらくは成功しないだろう。

なんらかの人間関係や、新しい仕事のようなひとつの状況を実現化する場合、そのパターンはあなた自身のとまったくおなじくらい複雑なはずだ。それぞれの銀河とパターンが衝突し、反発し、協力する形のすべてを検証するのは、たぶん最高のコンピュータをもってしても無理な作業だろう。いつまでも分析が終わらず、実現化する時間がなくなってしまう。それでは困る！

自覚しておきたいのは、この〝パターン〟の次元が存在することと、それが目標の〝形態〟に負けず劣らず（場合によってはもっと！）あなたの現実にインパクトを与えることだ。すこし観察と探究をおこなえば、だいたいどこに適合性と不適合性があるか見えてくる。実現化が成功したら体験するであろう現実に、この次元がどう貢献するか、またそれが自分の望む現実であるかどうかはじゅうぶんに感じとれる。

しかし、ここでのねらいはたんなる分析ではない。パターンの次元のスピリットを引き出し、実現化とつながるための味方として利用したいのだ。それがつぎのエクササイズの趣旨である。

★エクササイズ：ふたつのパターンを融合させる

自分があたたかく快適で安全な、しかし特徴のない空間に浮かんでいるのを想像しよう。まわりは三六〇度はっきり見える。重力はない。あなたをどちらかへ押したり引いたりするような流れもない。そこは空中かもしれないし、水中かもしれない。どちらでもいい。

漂っているうちに、あなたはひとりでないことに気づく。遠くのほうになにかが浮かんでいる。それはあなたの実現化の対象だ。

手を伸ばすが、もうすこしで届かない。自分から近づいていくこともできない。いまいる場所に浮かんでいるしかないのだ。

では、五枚の鏡で同調した最後の姿、あなたの共同創造的パターン・アイデンティティを示すあの姿を見たとき、そこで感じたエネルギーまたは特性を視覚化しよう。あなたのその部分の現実を自分の中に引き入れ、まわりからも包むようにする。

それが完成したと思うまで、イメージを保持しておこう。

パターンとしての自己のエネルギーに同調したことが感じられると、自分からいく筋もの光が流れだし、望むもののほうへ伸びていくのに気づく。光の筋はあなたの周囲の存在たち、すなわちあなたとパターン世界を共有し、その一部である人々のすべてから生じているようだ。また光はあなたの内側からも出ている。

輝くより糸を織りなすように、この光のフィラメントは実現化の対象へと伸びていくが、それでも届ききらない。こんどは、実現化の対象のパターン世界に関する気づきと洞察に心を向けよう。そのパターンの現実とエネルギーをよく感じてみる。しっかり感じとれたと思ったら、自分のほうへ呼ぼう。

すると、目標からもよく似たふんわりとした雲のような無数の糸束が、あなたに向かって伸びてくる。ふたつの雲がからみあい、パターンのエネルギーがもうひとつのパターン・エネルギーと出会う。そして両者は引き寄せあい、ひとつになる。

このからみあい、引き寄せあう瞬間はどんな感じだろうか？　特定の感覚、色、香り、音はあるか？　シンボルか、なんらかの視覚的な表現が出てくるだろうか？　この接触と融合の質はあなたの内面ではどのように体験されるか？

時間をかけてその感覚を探究し、しっかりと記憶に刻んでおこう。できればその感覚が体内に押し寄せ、流れこみ、全細胞を通過しつつ、物理的な記憶と同調に定着するのを感じよう。

パターン融合のエネルギーがじゅうぶんに感じられたら、想像のなかで目を閉じる。するとあなたは漂っていた空間からふっと消え、もとの身体に居心地よく楽に着地する。これでエクササイズは終わりである。

〈種子のエッセンス〉

わたしが実現化の一環としてエッセンス（＝本質）の概念をもちいるのは、べつに哲学的理由からではない。わたし自身がそれを経験しているためだ。いままでに経験した実現化はみな、多かれ少なかれ霊的なエネルギーの要素をともなっていた。そのエネルギーはすべてのものに、そう、人工的な物体にさえ含まれているように思える。わたしにとってはどんなものにも内面性、すなわち内なる存在があり、その核心は霊的な力なのである。この力をエッセンスと呼ぶのは、その物なり人なりのこれまでの姿も、いまの姿も、ありうる姿も、すべてそこに抽出されている感じがするからだ。それがあらゆるものの基部を個別化し、中核のアイデンティティを表現し、その物なり人なりが独自の創造として存在することを可能にしている。

わたしが実現化においてその力を呼び出すのは、すべてのものの一部としてそこにも存在することを認識しているからであり、また、なにかの形態が自分の人生に入ってくることを願いながら、そのエッセンスまたは魂を招かないのは非礼に思えるからだ。だれかの身体をお茶に呼んでおきながら、心は家に置いてきてもらうようなものだ。（でも多くの女性は、実際に男性からそんな扱いを受けているように感じている！）

「エッセンス」「魂」「スピリット」はみな、現実の魔術的で奇跡的で神秘的で、しかもきわめて重要な部分をあらわす言葉である。実現化しようとする新しい現実の種子を作るなら、この部分はぜひとも含める必要がある。

問題はそのやり方だ。

じつは、エッセンスの認識と体験は人により何年もの訓練をへて達成されるものである（ただし自然に身につく人も、たやすくコツをつかむ人もいる）。それは本に書かれたエクササイズの産物ではなく、瞑想、祈り、儀式、黙想のような同調の実践によって会得するものだ。それ自体がひとつの〝わざ〟であり、たえず成熟しつづける技術なのである。

そのいっぽうで、思いやりをもち愛情深くあること、他者に心を開くこと、霊的な存在としておたがいを肯定することにはなんの訓練もいらない。あたかも、自分のなかのエッセンスという愛情深く力を与える側面にもとづいて行動しているつもりになることで、われわれは「エッセンス同調の筋肉」を鍛えることができる。その気になれば、いかにもエッセンスとつながっているかのようにふるまえるし、そのうち本当につながっている自分に気づくのだ。結局、それほど謎めいたものではない。聖なるものは毎日きっと数えきれないほどの形でわれわれの前に現れているし、人生の奇跡と驚異に注意を払っていれば、なおさらそうなるはずだ。

エッセンスに同調するひとつの方法で、実現化にも深く関係しているのは、自分と自分の出会うあらゆる人や物を霊的な実在として扱うことである。相手の霊的な性質に手を伸ばしてふれ、また自分自身の霊性をも肯定することにより、そこには共鳴が生まれ、スピリットをより鮮明にフォーカスさせる。拡大した意識で相手を認知すると、彼らもそれに合わせてふるまうようになる。あなたは人生により高度なスピリットを実現化しはじめる。

これをゲームのようにして楽しむこともできる。たとえば、一日いっぱい自分が天使になったつもりですごす。もしも天使が生命を肯定し、智慧をはぐくむ、愛に満ちたエネルギーの輝く源だとしたら、それをあなたの人生ではどんな行為と姿勢であらわせばいいだろう？　〝霊的存在ごっこ〟をどう本気でおこなうか？（これは実際にわたしが霊性に関するクラスで生徒に与えるテーマだが、実現化のプロセスとしてもじゅうぶん役立つ。）

実現化プロジェクトの場合にも、目標に敬意を払い、その内なる神聖さをたたえ、その霊的エッセンスをあなたの人生に招き入れることによって、目標にまぎれもないリアリティを与えることができる。つまり実現化の目標を、たんに獲得するものではなく、尊重すべきものとして扱うのである。

★エクササイズ：エッセンスを探究する

さまざまな文化の神話や物語において、偉大な英雄や賢者たちはしばしば変身体験をもち、そのあいだにみずからの真のアイデンティティあるいは内なるパワーを発見する。魔法使いマーリンがアーサーを魚と小鳥に変えたように、伝説の主人公はいろいろな生き物になった感覚を体験する。しかし、霊魂がべつの身体に乗り移っているあいだもずっと、彼らのなかには一定に保たれるものがある。それが真のアイデンティティの源である。実際、そうした物語はシャーマンのイニシエーションを描写するものではないか、と示唆する学者もいる。変化のただなかで内なるアイデンティティの一貫性を発見することにより、みずからのエッセンスを見いだし、同調するための訓練だという。

この単純なエクササイズは霊的な同調とともに概念の冒険になるだろうが、あなたにも似たようなことをしていただく。想像のなかで一連の形態をへていきながら、それでも変わらずに保たれるものを見ることで、自分自身のエッセンスと同調するのである。

まず、動物になった自分を想像してみよう。どんな動物だろうか？　その動物のエッセンスの質はどんなもので、それはあなた自身の質をどう反映するだろう？

こんどは植物になった自分を想像する。どんな植物だろう？　どのような資質を具現化しているか？　植物としてのあなたのエッセンスは、動物としてのあなたのエッセンスとどう関連しているか、比較してどうか？

では、もしあなたが歌だったら？　どのような歌になるだろう？　ダンスなら？　歌であれダンスであれ、あなたのどんなエッセンスがそこにあるだろう？

もし食べ物ならどんなものになるか？

自分にいくつかの異なる形やアイデンティティを与え、それぞれに関して自分がどんな存在になるか問いかけてみよう。各アイデンティティから浮かび上がるエッセンスはどんなものか？言い換えれば、あなたのエッセンスに光をあてる共通の要素はなにか？

終わったら、実現化の目標についてもおなじエクササイズをおこなう。

エッセンスをアイデンティティのひとつのレベルと考えてもいい。また、同調のひとつの状態と見なすこともできる。それはあなたの中でも自己の境界線を越え、あらゆるものの霊的交流（すべての存在に共有されたスピリット）と同調しつつ、なお個別性の感覚を保持できる部分である。それは無限の合一と、特定のアイデンティティという有限の特殊性が出会う場所だ。波と粒子が出会い、ひとつになる場所だ。

その意味では、第４章で提示した現実の沸騰のイメージを使うと、エッセンスとは過飽和溶液から物質が凝結しはじめる移行的な領域である。つまり最初の出現ポイントだ。実現化という形で凝結してほしい新しい現実を考えるうえで、エッセンスはそれがいよいよ始まる状態、あるいはその時点にあたる。新しい現実のエッセンスに同調することで、それが本当にあなたの内部に出現しはじめる時点を生じさせ、ひいてはあなたの世界に出現させるのである。

★エクササイズ：エッセンスを融合させる

実現化の対象を視覚化する。それがだんだん透明になっていくのを想像しよう。すると内側に輝く光が見えてくる。見ているうちに光はますます明るくなり、逆に実際の形態はおぼろにかすんでいき、やがて光しか見えなくなる。

その光に入っていこう。しばらくその中に立って、光の性質があなたの全身を洗い流し、通過していくにまかせる。どんな感じがするだろう？　それはあなたのなかにどんな質を呼び起こすか？　それはどんなエネルギーか？　その実在はどんなものか？

では光の外に出て、うしろをふり向く。こんどは自分自身が見える。実現化の対象とおなじように、あなたの姿もだんだん透明になり、内なる光が輝いている。この光に入っていき、その質とエネルギーと実在を感じてみよう。

エッセンスにじゅうぶん同調し、その性質を感じとれたと思ったら、実現化の対象の内側から輝いている光のほうにふたたび向き直る。あなた自身のエッセンスにつつまれたままで、その光に歩みより、入っていき、ふたつのエッセンスを融合させる。光が相互に浸透しあうのを感じよう。どんな感じがするか？　なんらかのイメージ、想念、感情などを喚起させるだろうか？

この融和したエッセンスのただなかでしばらくすごしてみよう。その感覚によくなじんでおこう。いいと思ったら心の目を閉じて、外の目をあける。エクササイズは終了する。

〈種子と合一〉

合一（ユニティ）のレベルでは、なんのつながりも形成する必要はない。本来そのレベルでは、あなたと目標はすでに一体なのだから。これは、自分の内側にある〝合一〟の波的な状態に意識をおいているときは簡単に体験できるが、特定の個人的な日常のアイデンティティの状態で、いま持っていないなにかが「あったらなあ」と願っているときはむずかしい。そんなとき、合一はあまりにも抽象的で役に立たない概念に思えるかもしれない。結局、まだ所有していないトースターと一体になっても、朝食に焼きたてのトーストが食べられるわけではないのだ！

いっぽうで、実現化は外からなにかを引き寄せようとするより、内側からなにかを展開させていく作業である。この考え方を伝えるために、前章では菜園作りのイメージをもちいた。いまはまだニンジンは手元にないかもしれないが、自分の土地に植えて育てることはできる。しかし、土地がなければニンジンもできない。

合一は、われわれすべてが生まれた土壌である。自分のなかのその合一を体験すれば、そこに望む現実の種子を植えることができる。言い換えれば、実現化しようとするものとの一体感のイメージをもつことは、欠如と分離のイメージをもつよりも、実現化プロジェクトを始めるにあたってはるかに豊かで強力なエネルギーになる。

合一という状態の探究は、それだけで生涯をかけた霊的実践になる。合一を体験することの価値は、実現化の技術におけるその役割をはるかに越える。なぜなら、それは無条件の愛といたわりが生まれ、われわれとおなじ生き物たちと全世界に対する一体感と気づかいが生じる場所だから。それはあらゆる霊的・宗教的な道が収束していく神聖な中心なのである。秩序ある形で合一を探究していけるような霊的実践をもつということは、この心の技術を追求するうえでもかけがえのない助けとなり、資源ともなる。

人類のおこなってきた瞑想、黙想、神秘主義、霊的修養などの伝統には、合一状態を体験するための数多くのテクニックや実践が存在する。以下に、その道のりのスタートとして、目的地をかいま見せてくれる簡単なエクササイズをふたつ用意した。このあとは、好みでそういった伝統のどれかにのっとり、さらに探究していくことをおすすめする。

★エクササイズ：合一を探究する

まず、高山の中腹の岩陰からこんこんと湧きだした清らかな泉の水として、あなた自身を想像しよう。そこからとても細い小川となり、山の斜面を流れていく。流れそのものとなったあなたの姿を思い描こう。岩や草や土のあいだを縫うように流れる、あまり幅の広くないせせらぎとして。

　けれど、山を流れおりるうちに、あなたはだんだん太くなってくる。境界線が広がり、流れる速度も増してくる。ほかの小川や細流とつながり合流して、ますます大きな流れになる。前なら道をふさいでいたかもしれない岩も、こんどは乗り越えて流れつづける。

　滝のように山を流れくだりながら、あなたはさらに速度と流量を増していく。ある場所では崖を飛び越え、あなたの水は陽光にきらめき、水煙のなかで虹が舞う。峡谷に押し寄せ突進するとき、あなたの水は泡立ち、飛び跳ね、旅する自分のパワーと喜びをかみしめている。ときには岩壁に囲まれて流れをさらに速め、またときにはゆったりと広がって、田園地帯を堂々と切り開いていく。

　やがて谷あいの平地に到達する。あなたはさらに大きく広がる。牧場や草地を通り、農場や村を抜けていく。遠くに都会も見える。海に近づくにつれ、巨大な橋々があなたの幅を持ちこたえようと足を踏んばる。このような大河となった自分を感じよう。自分の境界線を、その岸辺を、その流れの勢いを。

　そして、陸地の終わるところにやってくる。あなたは大洋に入っていく。海にのみこまれた自分を感じよう。境界線は消え去る。もはや、他のすべての川と切り離された一本の川ではない。あなたはすべての川と融合し、海においてひとつになる。この新しい状態の無限さを感じよう。その深さを感じよう。もう川ではなく、あなたは大洋なのだ。たくさんの潮流があなたの中を多くの方向へ流れていく。あなたはあらゆる場所にいる。どんな感じだろうか？　身体ではどう感じるか？

　大洋としての自分をしばらく楽しんでから、この想像上のエクササイズを完了する。それから浮かんできた思いや感覚、気持ち、イメージなどを記録しておこう。

★第二のエクササイズ

　これは前のエクササイズのバリエーションである。あなた自身が浜辺になったところを想像しよう。（どこかの浜辺を訪れたことがあれば、その詳細を思い出してエクササイズの助けにするといい。）あなたの長さはどのくらいか？　幅はどのくらいか？　波はあなたの砂の上を静かになめらかに寄せては引いていくのか、それとも激しくぶちあたって砕けるのか？　潮だまりはあるだろうか？　もしあれば、そこにはどんな生き物がいるか？　要するに、非常に具体的な特徴をもつ特定の浜辺として、あなた自身を想像してほしい。

　こんどは想像力を海へと流れこませ、波にいだかれよう。あなた自身が大洋となり、さっきまで自分だった浜辺をふり返るが、いまでは他のたくさんの浜辺の存在を意識している。あなたはまわりじゅうの無数の浜辺にふれており、それぞれが少しずつ違う独自の姿をしているが、みな、あなたとつながっているゆえに浜辺なのである。細長いのも、幅広いのも、岩場が多いのも、砂地のも、切り立った海岸線のも、遠浅の浜辺もあるが、全部あなたとつながっている。そしてあなたの中で、ひとつひとつの浜辺が他のすべての浜辺とつながっているのだ。世界のあらゆる浜辺にふれ、つなぎあわせている大洋としてのあなたを感じてみよう。

特定の浜辺になるのはどんな感じか？　すべての浜辺をつなぐ大洋になるのは？　このエクササイズで出てきたイメージ、感覚、アイディアなどを書きとめておこう。しかしいちばん重要なのは、浜辺との関係において大洋になった状態で、つまりみずから合一の状態になるのがどんな感じかを、ぜひ体感するようにつとめてほしい。

〈すべての核心――現実と新しい自分〉

つぎにおこなう作業について明確にしておきたい。あなたのプロジェクトの核心部分にあたるからだ。前に述べたことの反復になるかもしれないが、お許しいただきたい。

なにかが実現化するためには、その現実の具体的な感触がなくてはならない。それが種子となり、周囲に現実が接合されていくのだ。

もし種子がそこになければ、実現化は地に足のつかない抽象的なものにとどまり、そのエネルギーはあなたとも、いまの現実ともじゅうぶんにつながることができない。それでは空想と希望的観測に終わりかねない。

種子の性質が現実の全体的な性質と呼応していればいるほど、それは強力になる。現実とはもっとも濃密で特殊化された物質的形態から、もっとも希薄で波状の宇宙的スピリットまで、そしてさらに聖なるものの神秘へといたる、連続したスペクトルの存在である。したがって種子がより広い範囲をカバーできれば、それだけバイタリティと実体をもつようになり、その現実の感触をよりよく具現化することができる。

だからこそ、ここではたんなる表面的な視覚化よりも、深く全体的な視覚化をしてもらうのである。ただの形態のレベルより、もっと広い存在の範囲をビジョンに取り入れたいのだ。

形態、パターン、エッセンス、合一は、そのスペクトル上のわずか四点の位置標識にすぎない。全体の中のある段階からつぎの段階へと移る、おもな転移点を示すものだ。しかし重要なのは、それぞれの状態に関する具体的な情報ではなく、スペクトル状になった現実まるごとの体験である。とりわけ、あなたが実現化するものの内部に存在するであろうスペクトルの現実を、感触としてしっかり体験し内面化しておきたい。

わたしはこの感触をいろいろな名前で呼んできた。新しい現実、種子のイメージ、そして「新しい自分」とさえ。感触を明確にすることが、実現化プロジェクトのこの部分の最終段階である。つぎにおこなう作業がこれになる。この感触こそ現実の種子となり、それをもとに実現化が起きるのである。

まず、この種子が最初にあらわれ、生きて展開するエネルギーの場になる地点、すなわち出現ポイントがなくてはならない。

あなたがその出現ポイントである。それは、具体的にはあなたのイマジネーションの中で始まる。人間にとっては想像力が現実の母胎なのだ。われわれ人間の世界に存在するものはすべて、だれかのイマジネーションから始まっている。

しかし、あなたの中のこの種子は、心の目に映すたんなる想像上のイメージではない。それはあなたが宿る実在である。これから自分の持ち物でいっぱいにしてわが家にしていく、新しい家屋のようなものだ。ただ視覚化するのではない。具現化するのである。種子は種子以上のものになる。それを通してあなたが表現するための、エネルギーの場となるのだ。それは実現化が成就したあかつきの実体である。実現化の結果として、あなたがこうなるという姿そのものだ。

実現化するとき、あなたは新しいアイデンティティ、新しい自分を実現化している。

この心の技術を応用するとき、あなたはふたつのものを実現化している。まず、心に決めた特定の目標を実現化する。それは深い平安のような内的状態や、健康の改善といった個人的な状態でないかぎり、自分とは別個のなにかである。そしてもうひとつ、実現化の対象が付随する変化とともに人生の一部となった、そんな新しい状態をもあなたは実現化することになる。自己の新しい状態、すなわち新しい自分を実現化している。

この区別がなぜ重要かというと、自分の内側の新しい状態に関する現実の感触のほうが、まだ自宅の車庫に存在しない車や、まだ通っていない職場や、まだここにない人間関係のそれより得やすいからだ。この区別も「新しい自分」の観念自体もたんなる手段にすぎない。どちらが実現化しやすいように思われるだろう？　新しい仕事か、新しい自分か？　新しい車か、新しい自分か？　新しい人間関係か、新しい自分か？　どちらもおなじくらい手ごわい課題かもしれないが、まだ存在しない外的形態のイメージよりは、自分の内的状態のほうが想像し、呼び起こすことがたやすいし、より深い現実感をおびさせることができる。

しかも、そしてこれは非常に大切な点だが、内的状態はたんなるイメージではない。それは体験である。自分のことなら体験できるが、持っていないものを体験することはできない。内的体験はすでに現実のものであって、抽象概念でも願いでも夢でもない。ただ頭の中にあるのではなく、感情にも身体にもいま実際に存在するのだ。すでにいまの現実の一部になっている。だからこそ、それを支柱として、いまの現実がシフトと変容をとげることが可能になる。

適切な滋養とつながりを与えれば、この内的体験が種子となり、そこからあなたの実現化の現実が育っていける。

新しい自分は古い自分とはいちじるしく異なるかもしれないし、ほとんどおなじかもしれない。一足の新しい靴を実現化しても、家を実現化したときほどあなたは大きく変わらないだろう（もちろん、それがものすごく履き心地のいい靴ならべつだが！）。しかし、違いの程度は問題ではない。違いの質が重要なのである。古い自分と新しい自分がどう違うか、そこの部分をあなたは実現化している。この違いこそ、成就したいものなのだ。

〈種子のイメージ〉

あなたは実現化のＤＮＡの二重らせんを構成する、アイデンティティの鎖をたどってきた。あなた自身と目標がいかにからみあい、相互作用のすえ両者のあいだにエネルギーと潜在的可能性の場を生みだすか、だいたいわかったと思う。こんどはさらに一歩すすめて、この形而上学的なＤＮＡを使って新しい自分の種子のイメージを作らねばならない。それを自分の中にもたらし、具現化するためである。いってみれば遺伝物質はそろった。いよいよ子孫を作るときだ。

★エクササイズ：種子のイメージをつくる

あなたが平和な緑ゆたかな屋外にいて、テーブルの前に立っているのをイメージしよう。テーブルの上には四つの箱と、大きな空っぽの深鍋が置いてある。鍋のそばには、凝った装飾模様のついた大きな黄金のひしゃくもある。

四つの箱にはラベルが貼ってある。一個めは「形態」、二個めは「パターン」、三個めは「エッセンス」、そして四個めは「合一」と書いてある。

「形態」の箱をあけてみよう。あなたの形態と目標の形態を融合させるエクササイズで体験した、現実の質感が入っている。ゆっくり時間をかけて、どんな感じだったか思い出そう。

箱の中に手を入れてその現実をつかみ、どんな感触か、両手のなかでどんな形になるかを観察する。そして箱から取り出し、深鍋に入れる。

こんどは「パターン」の箱をあける。中には、あなたのパターン・アイデンティティと目標のそれを融合させたエクササイズで体験した、現実の質感が入っている。ゆっくり時間をかけて、どんな感じだったか思い出そう。

手を差し入れてその現実をつかみ、どんな感触か、どんな形をとるか観察しよう。箱から出して、深鍋に入れる。

つぎに「エッセンス」の箱をあける。すでにあけた箱と同様に、特定の現実の感触が入っている。今回はそれぞれのエッセンスを融合したとき体験したものである。ゆっくり時間をかけて、この現実はどんな感じだったか思い出そう。

では手を差し入れて、その現実をつかみ、感触と形態を観察する。箱から出して、鍋に入れる。

最後に第四の箱をあける。「合一」のラベルが貼られた箱である。その中には、自分の内側にある合一状態に同調したとき体験した、現実の質感が入っている。時間をかけてその感じを思い出そう。

手を差し入れてこの現実をつかみ、感触と形態を観察する。箱から取り出して、鍋に入れる。

これで、鍋の中には遺伝的構成要素がすべてそろった。黄金のひしゃくでよく混ぜあわせよう。そうすると混合物が輝きはじめ、光を発し、その光が鍋の中に広がってくる。

光で鍋がいっぱいになったら混ぜるのをやめよう。鍋を持ち上げて地面に置き、あなたは一歩さがる。

みるみるうちに光は鍋を包む球体となり、鍋の姿は消えてしまう。そしてこんどは光の球体が爆発し、まばゆい柱となって上空へ噴きあがり、その内側ではさらに明るく輝く光の鎖が二重らせんのように互いのまわりを旋回し、大地からはるか天に伸びてその先は見えなくなっている。この光の柱に沿って、さまざまな力が上へ下へと流れているのが感じられる。

突然、光が消える。かわりにきらきらと輝く姿が立っている。よく見ると、これが新しい自分だとわかる。あなたの実現化が成功したとき、こうなるであろうという姿だ。

ふたりはおたがいに歩みより、まず抱擁しあい、そして溶け合う。この輝く存在が自分に入ってくるのを感じよう。どんな感じがするだろう？　それはあなたとはどう異なるか？　その違いの性質はどんなものか？

ここで、この存在をあなたとして、またはあなたをこの存在として視覚化しよう。その存在の現実をあなたの内側で肯定しよう。その現実が自分の身体では、自分の想念では、自分の感情では、自分の精神では、自分の精妙な、あるいは霊的な性質ではどう感じられるか、よく注意してみよう。そのエネルギーは内面的にどのくらいしっくりくるか？　出てくる感覚に気をつけていよう。前の自分とはどう違うか？

覚えていてほしい。この違いの感覚、内側で感じる新しい自分の現実の感覚こそ、実現化の焦点としてこれから使っていくものなのだ。あなたはそれを実現化するのである。それがどう体験されるかをできるだけ明確にし、自己の存在のあらゆるレベルで可能なかぎりリアルにしよう。

終わったら、地面を見おろしてみる。新しい自分があなたと融合したとき、残していった物かシンボルが見つかるかもしれない。この物やシンボルは、あなたの内側の新しい自分とその現実をあらわしている。もしなにも見つからないときは、出てくるように頼んでもいいが、それでも出てこなければあなたには必要ない、重要ではないということだ。

ここで心の目を閉じ、外の目をあける。部屋の中を歩きまわり、内側にある新しい自分のエネルギーの感覚を維持するようにつとめよう。エクササイズはこれで終わる。

あなたは実現化の遺伝学を完了した。自分の内部に種子の状態を作ったのである。ただし、いつでも好きなときにもう一度どれかのエクササイズをおこない、自分にとっての体験を強化し、もっと明確に実在させるようにすることができる。

これで、プロセス最後のふたつのステップにすすむ準備ができた。内面と外面の両方で滋養とエネルギーを与え、新しい自分を展開していく作業である。

第8章　現実を沸騰させる

第4章「奇跡のエネルギー」でも述べたように、わたしはかつて実現化の体験をみずから検証し、現実がシフトするとおぼしき瞬間になにが起きているかを知ろうとした。自分の現実のなかでエネルギーが高まっていたこと、そしてわたしの中の全体性があらわれていたことに気づき、それを〝実在〟と名づけた。そんなとき、いまある事物への執着はゆるみ、現実は波のようになって拡大し、新しいつながりが形成され、新しい現実があらわれるための余地が生まれるのだ。体験を要約するために、わたしは現実の「沸騰」というイメージをもちいた。

あの体験をもとにして、プロジェクトのつぎの段階となる実現化の儀式ができあがった。いまや、あなたは実現化したい現実の種子のイメージを、〝新しい自分〟の体験という形で持っている。こんどはあなたの全体性すなわち実在からエネルギーと生命力を呼び起こし、そのイメージに流れこませ、宿らせて、拡大し、活気づけ、人生における組織化の力として偶然や共時性、つながり、洞察など、実現化を起こすために必要なものを引き寄せる力を与えたいのである。

そのようにして新しい自分を呼び起こし、エネルギーを与えることが実現化の儀式（ワーク）の役割である。儀式と呼ぶのは、定期的に順序立てておこない、毎回かならず反復する要素があるからだ。

最初の三回か四回までは、ここに書いてある手順を厳密に守るようにして、その流れと各段階で感じるスピリットとエネルギーの質に注意を払うことをおすすめする。実際の手順とそうする理由について、まず精通しておくためだ。そのあとは、実現化プロジェクトのほかの部分とおなじく、あなた自身の必要性に応じて調整してくださってかまわない。これはかならず使わねばならないテクニックというより、あくまでも提案として読んでほしいのである。プロセスと意図を理解すれば、もう自分自身の儀式を作ってもいいし、そのうちあなたが思いのままに実在に出入りでき、必要なときはいつでも実在のエネルギーを意図する方向にフォーカスできることを発見すれば、儀式自体を完全になしで済ませてもかまわない。（実在は愛と祝福の源だから、ただ実現化プロジェクトのためだけではなく、もっとほかの場面でほかの必要に応じて呼び起こすことができる。そのエネルギーと質を日常生活にもたらす習慣がつけば、あなたの個人的な現実を豊かにし、深めていくうえで強力な効きめをもつかもしれない。）

このワークをおこなうには、一時間ほどだれにも邪魔されない時間を確保すべきだ。理想的には毎回おなじ場所でおこなうと、なじんだリズムを確立することができる。実現化についてあまり強迫観念的になって、いつ実現するのだろうと考えつづけたり、そのことが頭から離れなくなるのは望ましくない。しかしこのワークは、プロジェクトを開始した最初の週には三回、そしてその後も最低週一回はおこなうことをすすめたい。

ロウソクはぜひ用意してほしい。また文章を書いたり、絵を描いたり、色を塗ったり、お守りのようなものを作りたくなったときのために、レポート用紙・ペンまたは鉛筆・画用紙・カラーペンか絵の具かクレヨン、そして小石・水晶のたぐいも用意しておくといいかもしれない。

実際に始める前に、プロセスを全部通して読んでおくと助けになるだろう。そこには手順についての指示や説明、解説のほかに、わたし自身がおこなったときの実例も含まれている。

〈神聖な空間〉

どんな儀式も神聖な空間でおこなわれる。その空間は、キリスト教のチャペルやユダヤ教会堂のように（イスラム教徒の礼拝用敷物でさえ）、最初から神聖なエネルギーとの同調の場所として専用に捧げられているかもしれない。あるいは時間と空間の境界線をもうけ、適切な祈願をおこなうことにより、その場で作ることもある。ここでは、あなたにもそうしてもらう。

作業のための空間を確保しよう。それほど広い場所である必要はないが、静かに床にすわったり、椅子にかけたりするほか、必要に応じて動きまわれるだけの余地はほしい。ロウソクを五本立てる場所と、持ってきた筆記具や画材を置く場所も必要だ。

このワークでは、ひとつの輪の中ですわったり立ったりすることになる。輪の形は古代より全体性とつながりの象徴であり、しばしば神聖な空間を線引きするために使われる。床に本当に輪を描く必要はない。心の目で視覚化できればじゅうぶんだ。しかし、その助けとして、東西南北の四方向にそれぞれロウソクを立てよう。そうすれば、四本のロウソクを結ぶ円周が想像できる。

四方向にしるしをつける理由はもうひとつある。磁石は空間におけるあなたの位置を（どんな物の位置も）知る道具である。地球上になにかが存在するためには、方角上の座標によって定義される特定の場所にいなければならない。あなたはいま地球上になにかを物理的に実現化しようとしている。(たとえ目標が自分の内側の心の状態だとしても、あなたの身体はやはり地上の特定の場所を占めている。)したがって、磁石の四方向に定義づけられた輪は、物理次元へのポータル(入口)のようなものである。空間のなかに位置づけられていることの象徴だ。その本来の性質により、輪は物理的な創造の力を象徴し、あなたの実現化プロジェクトを物理次元の恵みに同調させる。また、自分は実現化に物理的な存在感を与えている、という内なる感覚を強めてくれる。

輪を視覚化し、四本のロウソクでしるしをつけることは、神聖な空間の物理的境界を確定するための構成要素になる。

五本めのロウソクは輪の中心に立てる。こちらは神聖な空間の時間的境界を示すものだ。このロウソクをともすとワークが始まる。あなたは日々の通常の活動を離れ、特別な創造的な時間に入ったのである。そのロウソクを吹き消すとワークは終わる。境界線をおろし、特別な時間は流れ去り、あなたは通常の時間と再会する。もう日々の活動に戻っていける。

〈祈願〉

神聖な空間を定義づけたら、こんどは祈願によってそれを活性化させる。

どんな儀式を始めるときも、わたしはまずロウソクをともす。開始を合図する方法というだけでなく、ロウソクはわたしにとって霊的な意味をもつ。それは、光とスピリットの導きとあらゆるものの内なる創造性のパワーを呼び起こす、〝祈願〟をあらわすものなのだ。

ロウソクに火をつけながら、祈願の言葉を唱える。「この炎とともに、わたしは愛する神の創造性のスピリット、すべての実現化に力を与える火、そしてわが魂をより深い叡智と同調に導く光を、この時間と場所に呼び入れます。このスピリットの祝福と光を、わたし自身とわたしの実現化、そしてあまねく世界の上に呼び出します」。

もちろん、ここでも遠慮なく自分なりの祈願の言葉や思いを採用してもらってかまわないし、もしこれ自体があなたにとって不自然で違和感をおぼえるようなら、まったく使わなくてもいい。ただ、宇宙を形成する力のひとつに同調し、その深遠な創造性と組織化のスピリットに同調するわけだから、なんらかの挨拶をしておくのが適切に思われるし、それであなたはより拡大した意識状態に至ることができるかもしれない。

それから、わたしは想像上の輪のへりに沿って四本のロウソクを立て、神聖な空間を活性化する。ここでしるしをつけるのは四つの方角のみだが、どんな儀式も神聖な空間も実際は七つの方角によって定義づけられている。磁石の示す〝東西南北〟は物理的存在を象徴し、〝上〟は霊的な力と次元をあらわし、〝下〟はわれわれの住む地球の活力をあらわし、〝内〟はわれわれ自身の中にあるスピリットと実在をあらわす。そこで、わたしも四方向に挨拶したあとで、わたし自身を定義づけ、また実現化によって出現する新しい自分を定義づけてくれるであろう残り三方向にも、心のなかで挨拶し同調しておく。

〈沈黙〉

ここでわたしはすこし時間をとり、ただ沈黙のうちに座って心を落ち着かせる。あらゆるものが創造性に満ちた静寂から生じる。土の奥深くで、あたたかく滋養あふれる静かな闇のなかに眠っている種子のことを考えよう。わたしは実現化の土壌である。

その意味で、静寂とは音のない状態とはかぎらない。本当は気を散らすものや混乱のない状態である。あなたの内面で、とげとげした散漫なエネルギーが、おだやかでなめらかでリズミカルな流れに変容することだ。

沈黙を実践するための瞑想や観想のテクニックはたくさんあるので、自分に合った方法を探し出さねばならない。わたしの場合は自分の呼吸をただ見守ること、吸う息と吐く息のリズムとともにいて、おだやかな意志の力で規則的なリズムをもたせることが、そのような静寂にわたしを誘ってくれる。

静寂のなかで、わたしは時間と空間のエネルギーから意識を引き戻しはじめる。無のなかに入っていくことで、自分と世界を切り離す。思考や感情、計画、願望、心配、怖れなどを通じて世界にまき散らしていた精神のかけらを、すべて自分に呼びもどす。わたし自身をとり戻し、集中させて、この瞬間においてスピリットの前に全面的に実在できるようにする。

〈いまの現実を受け入れる〉

いまの現実にはそれなりの一貫性と勢いがあり、それなりの創造物も含まれていて、やはり尊重しなければならない。

実現化プロジェクトでは、いまの現実をなんらかの形で変えることをめざす。逆説的だが、これはその現実を否定するのではなく、もっと深く受けいれ同調することによって可能になる。なぜなら現実の内容がどんなものであれ、それもまたエネルギーの源だから。あなたが実現化に使いたいものとおなじ、創造と存在の諸力を具現化しているのである。

いまの現実は気に入らないかもしれないが、そこには尊重し、敬意を表すべき一貫性がある。もしそのような現実を生みだした責任と、いかに自分の選択を反映しているかを認め、受け入れることでうまく同調できれば、現実はあなたにエネルギーを与えてくれるだろう。ただ拒絶したり、現状についての個人的な責任を否定したら、それは障害物になりうる。実現化が現実のものとなることを望んでいても、現実を拒絶していてはその過程を助けられない。

さらに、このワークではいまの現実にエネルギーを与え、より流動的にして変化を受け入れやすくしたい。あたかも杯のようにそれを高くかかげ、聖なるものとあなた自身の内なる実在の、スピリットと祝福で満たそうとしているのだ。もしもその現実を拒絶し、否定し、ありのままの姿を見ることを拒否していたのでは、とてもそうはできない。現実を変容させるには、まず受け入れることだ。それがつらい現実なら、キリストがハンセン病患者を癒したときも、彼らに背を向けたのではなく、彼らを抱擁し傷を洗ったのを思い出そう。否認ではなく、かかわっていくことが変容の鍵なのだ。

ピーター・キャディもフィンドホーンで教えていた。いまの現実のなかで自分にできる、もっとも大きな変容をうながす行為のひとつは、いっしょにいる人を愛し、自分のしていることを愛し、自分のいる場所を愛することだと。まったくそのとおりだとわたしもつねづね思っている。それに、愛そのものの癒しと変容の力をべつとしても、自分が感情的・精神的に現実から逃避していたり、それと戦っていたら、変えたくてもできることはなにもない。

わたしはまだ静寂のなかにいて、とらわれない心をやしないつつ、エネルギーを自分の中心に引き寄せている。しかし、じゅうぶんに集中できたと思ったら、意識をいまの現実に向ける。分析を試みたり、正しいことと間違っていることを数えあげたりはしない。ただ自分の人生と現状を観察し、内なるビジョンにどんなイメージでも浮かんでくるにまかせる。ただし、出てきたものはみな愛と平和のスピリットで受け入れ、そして手放す。

数分ほどイメージが自然に湧いてくるのを許したあと、こんどは人生でわたしを悩ませ、現実を完全には受け入れられなくしている特定の要素、あるいは状態、とりわけ自分の実現化に関連しているものに意識を向ける。そして、自分のなかのとらわれない平和な場所から、その問題の要素に愛を放射する。それを変えようとか、理解しよう、直そうとはしない。ただ観察し、その問題によって自分が否認の気持ちでいっぱいにならないように、いまの現実への同調が弱まったりしないように気をつける。それを受け入れれば、こんどは自分の現実をまるごと、パターンも内容も自由に受け入れることができるのだ。

こうして愛をもって受け入れることで、わたしはこの現実の全体性とエネルギーを神聖な空間に引き入れ、どれだけ悩ましく恐ろしく恥ずかしい部分も輪の外には残さない。そうすれば、わたし自身のすべてを輪の中にまとめ、ついに実在を呼び起こし、種子のイメージのエネルギーでいまの現実を拡大させるための準備がととのう。種子のイメージとはすなわち〝待っている現実〟である。

〈偶然と奇跡に同調する〉

いまの現実に対するあなたの意識を儀式の輪に引き入れたところで、いよいよ、ひとつまみの魔法と一滴の奇跡を現実に振りかけて、ダンスの開始をうながすときである。

そのためには、偶然に同調すればいい。わたしが偶然を「小さな奇跡」と呼んだことを思い出してほしい。奇跡にも同調できるが、偶然のほうがもっと気のおけない、手の届きやすいものに思える。大きな奇跡はときどきしか起きないようで、もしかしたら一生に一度かもしれないが、小さな奇跡はほとんど毎日起きている。それを認めると、この世界に作用している「奇跡製造」活動のいきいきとした存在が、なおさら強く感じられる。この活動は自分にも手が届き、利用できるという意識も強まるかもしれない。

目的は、奇跡と偶然に含まれる驚異とパワーについてじっくり考えることにより、あなたの気分を高揚させることで、そうすればおのずから、森羅万象と聖なるものに具現化された驚異とパワーについても深く考えさせられる。それがこんどは聖なるものにあなたを同調させる。その状態が望ましいのである。

というわけで、あなたの人生でいままでに起きた偶然や、知り合いの身の上に起きた偶然を思い出してみよう。あるいは本で読んだ奇跡や偶然について考えてもいい。聖書とか、小説家で霊的な回顧録でも有名なダン・ウェイクフィールドの『奇跡を期待せよ――普通の人々の身に起きるすばらしい出来事』のような現代の本でもかまわない。しかし理想的には、自分自身の人生における奇跡や偶然を思い出してほしい。あなたにとってリアリティがあるからだ。実現化のプロジェクトに取り組んでいるあいだは、できるだけ自分のしていることと個人的な現実の感覚を一致させたいのだ。だから、ここでの作業も、現実の奇跡的な側面に対する気づきを呼び起こしていると考えてほしい。それこそが、新しい自分を具現化させてくれるであろう側面なのだから。

沈黙のなかで、いまの現実の感覚を神聖な空間に受け入れたあと、わたしは世界に作用している奇跡のエネルギーについて考えはじめる。そのエネルギーをぜひ呼び起こしたい。ひとつの方法は自分の体験した、あるいは見聞きした偶然や奇跡について思い出すことだ。

このとき、わたしは母と最近かわした会話を思い出す。母は実現化の話をするために電話してきたのである。彼女の通っている教会は、このほど新しい賛美歌集を購入した。古いほうは出口のそばに積み上げられ、会衆のなかでほしい人がいたら、お帰りにどうぞお持ちくださいと司祭が告げていた。

そこで母も帰りぎわに立ち寄り、病気でもう礼拝に参加できない伯母（彼女の姉）のために賛美歌集を一冊もらうことにした。最初に手にとったものは表紙が破れていたのでもとに戻し、山積みの本を急いでかきまわして、また一冊引っぱりだしてみると、こんどはまずまずきれいな状態だった。「特に念入りに探したわけじゃなかったのよ」と母は言っていた。「ただ手の向くままに、指の感触で好きな本を選んだのだけど」

そのあと、家に帰る途中で母はちょっと時間をとり、伯母のために選んだ本をよく吟味してみた。そしてびっくりし、また喜んだのは、本をめくってみたらタイトルページに公式の書き込みがあり、なんとこの賛美歌集は、あの伯母が亡くなった夫の思い出に教会のため購入したものだとあったからだ。教会で無料配付されていた何百冊もの古い賛美歌集のなかから、適当に選んだのが伯母にとってもっとも意味深い一冊、はるか昔に教会に寄贈した、まさにその一冊だったとは！

この話のことを考えると、わたしは喜びでいっぱいになる。可能性の感覚と、人生は魔法だという感覚で満たされる。まさにこの可能性と魔法に頼って、わたしは実現化を起こそうとしているのだ。

いまの話は、われわれがみな奇跡の海に住んでいることを思い出させてくれる。奇跡の大半はまったく気づかれずに終わるのだとしても。わたしはこのイメージからエネルギーを引き出す。興奮と驚異と可能性のエネルギーである。それは身体のむずむずする感じとして、心とマインドにひらめく稲妻として、スピリットの内なる喜びとして感じられる。徐々にふくらんでくるこの喜びと創造性のエネルギーこそ、儀式の一環として呼び起こしたいものである。

〈スピリットと聖なるものに同調する〉

まだ子供でモロッコに住んでいたころのある日、父親がわたしに虫眼鏡をくれて、家の外の車寄せのところに連れていった。よく晴れた暑い日で、雲ひとつない青空に太陽がぎらぎらと輝いていた。父は芝生の草をちょっとむしり、コンクリートの上にこんもりと積みあげた。「さあ、その虫眼鏡でお日さまの光をこの草に集めてごらん」。虫眼鏡のレンズをちょうどいい角度でかざすと、草の上に太陽光線が集中して明るい光の点ができたので、わたしはうれしくなった。見ているうちに草は煙をあげはじめ、ぽっと火がついた。ほどなく草の山はめらめらと燃えだした。

ちょうど虫眼鏡によって太陽光を集中させ、凝縮した光線を作るように、あなたが実現化プロジェクトをおこなうときも創造の過程を強化し、一点に集中させている。しかし、レンズを使ったり光線を作ったりする前に、まずは太陽光がなければならないし、あなたはその下にいなければならない。

ここでの太陽光はエッセンスと合一という高次の霊的世界の光であり、そのたえまない放射がエネルギーと祝福をもたらしてくれる。それは聖なるものの実在でもある。あなたはいま、その神秘とあなた自身の個を超えたレベルに向けて自分を開き、それらを受け入れる必要がある。そうしたレベルに現実を沸騰させる力があるのだ。

霊的次元への同調はたいへん個人的な領域なので、どのようにするかは自分自身で決めなければならない。どの宗教あるいは霊的な伝統にも、聖なるものに呼びかける独自の方法があり、調べてみればあなたにとって特に強力で意味深いものが見つかるかもしれない。

わたしの場合は、キリスト教神秘主義の「中心の祈り」のバリエーションをもちいている。この祈りは、〝愛《いと》しきもの〟（わたしは神をこう呼ぶ）が自分の人生と万物の全般に具現化していることを思い出す作業で構成されている。そう考えたときのわたしの反応は、つねに喜びと愛である。その気持ちを内側でふくらませながら、思いはあくまでも〝愛しきもの〟のイメージに集中させ、やがて自分という存在が聖なるものの愛と実在でいっぱいに満たされるまでそれを続ける。

聖なるものに同調したことが感じられたら、わたしはよく心のなかを探り、霊的な「盟友」とつながろうとする。盟友とは内なる個人的なイメージか、非物理的・霊的な友人あるいは仲介者で、あなたの高次の霊的レベルへの同調と、実現化プロジェクトの達成をともに援助してくれるようなエネルギーの持ち主をあらわす。霊的な盟友をもちいるのはシャーマニズムや魔術の実践における主要なテクニックである。天使や聖人その他、いわゆる神の力を吹き込まれた存在、あるいは霊的な存在に祈るという形をとれば、伝統的な宗教の実践とも矛盾しない。覚えておいてほしい重要な点は、盟友といってもあなたのほしいものを手に入れてくれたり、実現化をかわりにおこなってくれる存在ではないことだ。盟友の役割は、あなたが自分で目標を達成できるように、情報と洞察とエネルギーで力を与えることである。盟友は友好的な支持者であって、べったり依存できる親ではない。

盟友はいろいろな形態をとりうる。歴史上の人物や天使的な存在、あるいは動物の場合さえある。盟友はイマジネーションを通じてあなたと接触し、力を与えるものであることを心に留めておこう。したがって、盟友のエネルギーはあなたの想像力といちばん共鳴するような姿をまとっているかもしれない。そのような盟友と手を携えていくための修練には、心の目に映った彼らの形態を越えて（あなた自身が宗教や文学や歴史的イメージからその形態を作っているかもしれないから）、彼らのスピリットの本質的な部分に同調する訓練が含まれる。また盟友の役割は、いかなる形でもあなたを彼らに執着させることではなく、あなたの創造的側面にエネルギーと純粋さと全体性を吹き込むことである。

盟友と接触するにも多くの方法がある。祈りは伝統的で単純な方法である。儀式をもちいることもできる。わたしは物語を作るという手法をこの分野の助けとしている。内なる叡智と洞察の源とつながることが物語のテーマになるだろう。ひとつ例をあげるが、あなたにとって唯一の意義ある物語を自由に作りあげてほしい。

★エクササイズ：霊的な盟友と接触する

以下のように視覚化しよう。あなたが自分の部屋ですわっていると、だれかが扉をノックする。立ち上がって扉を開けると、驚いたことに、外はいつもの見なれた環境ではなく、美しい森林地帯の風景が広がっている。巨木の森のむこうから陽光がさしこみ、葉のかげで小鳥たちがさえずっている。森のそばには石組みの井戸があり、半分は日陰で半分は日にあたっている。

扉のかたわらに、ゆったりとした緑色の衣に身を包み、フードをかぶった人物が立っている。男か女かもわからないが、とてもやさしく愛に満ちた雰囲気を漂わせているので、あなたはすぐに安心する。その人物は井戸のほうを向き、いっしょに来るようにと手招きする。行くことを選ぶなら、扉の外に踏みだそう。もし行かないことを選ぶなら、扉は閉ざされ、あなたはもとの椅子に戻り、物語はここで終わる。

その人物についていくのなら、あなたは井戸のそばまでくる。フードの主は、井戸をのぞきこむようにと身ぶりでうながす。のぞいてみると、水面が鏡のように澄みきっている。眺《なが》めるうちにひとつのイメージがあらわれ、あなた自身とあなたの実現化について情報を与えてくれる。このイメージに注目し、言われたことを覚えておこう。

イメージが消えると、あなたは顔を上げる。その人物はフードを脱いでおり、男か女か判明する。こんどはあなたの実現化について、この人物にも質問をしてかまわない。答えてくれるだろう。答えは言葉や象徴、または頭に浮かぶアイディアという形でくるかもしれない。心に留めておこう。

その人物は衣のポケットに手を入れて、なにかを取り出す。あなたと実現化に力を与える贈り物である。相手は贈り物をあなたに渡し、あなたは受けとる。どんなものか、なんの役に立つものかを覚えておこう。

相手は、あなたにもう部屋の扉のほうへ戻るよう身ぶりで伝える。あなたは森のそばを通り、扉から中に入る。そのとき木々と井戸とその人物からの祝福と、いつでも必要ならまた訪れてよいと招待されたことを感じる。そして扉は閉じる。あなたは椅子のところに戻って腰をおろし、物語は終わる。

では紙を用意して、この旅で見聞きしたものを書きとめるなり、必要なら絵に描いておこう。物語に参加した結果、自分のなかに浮かんできたイメージ、感情、思考などをメモしておく。

このような物語は、意識の深いレベルからイメージや想念が生じる余地を作ってくれる。たいへん役に立つ情報がいろいろ得られるかもしれない。ただし、それでも自分の識別力と判断力で受けとった内容を評価しなければならない。夢と同様に、貴重な洞察があらわれているかもしれないが、かならずしもすべてを文字どおり、額面どおり受けとるわけにはいかないし、なんらかの形で解釈することも必要かもしれない。

あなたが実現化プロジェクトを作り、このワークをおこなっているのは願望があったからだが、個別性を超越した領域に同調すると願望は抜け落ちてしまう。願望はあなたの個人的生活の一部ではあるが、個を超えた側面にまで含まれるものとはかぎらない。だからといって、けっして間違った願望だったわけではないが、ただあれがほしい、これがほしい、というようなエネルギーは人格という個を超えてすべてが一体となるレベルでは意味をなさないのである。ワンネスと合一が存在の根本的な特徴であるような領域にふれると、もはや望むものはなくなる。すくなくとも、人格の視点で理解できるような形では。個々の粒子が波の全体性をどうやって理解できるだろう？　粒子はほかの粒子を探し出そうとする。それが性質だから。しかし波はすでにすべての粒子と一体なのだ。

高次のスピリットの領域に入っていくと、あなたは無条件の世界に到達する。ここでの答えは「これがわたしのほしいものだ！」と言うことではない。答えは、すべての源である聖なるものの実在のもとにいられるよう、とにかく無条件に動くことだ。その源が自分の内にも上にも無条件に作用することを許し、それがあなた自身よりも正確に、そして愛をもって、自分に必要なものを知ってくれていると信頼することである。

わたしは〝愛《いと》しきもの〟への愛と、聖なるものの祝福を受けて人生に満ちあふれる喜びのなかで、自分を集中させる。〝愛しきもの〟について黙想しながら、自分が人格を超え、魂のエッセンスに入っていくのを感じる。ここではなんの願望もない。ただここにいるだけで滋養を受け、それでじゅうぶんなのだ。しばらく時間をとって、ひたすらこの合一の感覚とともにいる。息を吸うたびに、わたしは〝愛しきもの〟のスピリットを吸い込む。そして全身の細胞を光と無条件の愛で満たす。自分を源に同調させる。実現化はすこし待ってもらおう！

〈祝福をおこなう――天使になる〉

すこしのあいだ、ただ個を超えた自己とともに、また聖なるものの実在とともにいて、祝福と平和と愛と恩寵のスピリットを呼吸していたければそうしよう。

つぎのステップはみずから源になること、いってみれば天使になるようなものだ。個を超えた領域の光輝く力強いエネルギーとかかわる最善の方法は、それらのエネルギーとおなじようにすることだ。自分も力強く輝けばいい！

つまりそれは、あなたの意識を外の世界に（自分のまわりの世界だけでなく全世界に）向け、世界を祝福しはじめることを意味する。愛と祝福が光の帯のようにあなたから放射される様子を心の目で見よう。自分の内と外をひっくり返すつもりになればいい。あなたの中には光と愛と喜びがあるのだから、それを外へこぼれさせ、あふれ出させ、世界にとうとうと流れこませよう。

望むなら、世界のなかでもそれが必要と感じられる特定の状況や、特定の地域にその光を導いてもいい。人々に向けることもできる。

ただし、この文脈とこのワークにおける第一の課題は、世界とそこに生きるすべてのものの、全体としての進化と創造的展開にあなたの光とエネルギーを与えることである。仏教哲学でいう菩薩のように、あなたは世界全体の悟りのレベルを上げるため、自分から与えるのである。世界における光と愛を増加させ、聖なるものの愛情深く創造的で変容をうながすスピリットへの同調を強化すること、これは人間としての根本的な課題である。地球レベルの実現化プロジェクトといってもいい。新しい天と新しい地を産みおとし、全体性と喜びの世界を実現化するのだ。

わたしは自分を大きく開き、〝愛《いと》しきもの〟の実在を受け入れる。それがハートに流れこんでくると、わたしはその光と愛と喜びを集めて世界へ送り返す。苦しみのあるところには慰めと癒しを視覚化し、憎しみのあるところには愛を視覚化し、破壊のあるところには全体性と再生を視覚化し、愚かさのあるところには叡智を視覚化する。世界がうめき人々が泣き暮らしているような場所を心に思い描き、そこへ自分のスピリットの焦点を合わせ、それが導管となって〝愛しきもの〟の恩寵と慈愛が届くようにする。

わたしは全世界を、それ自体の意識とスピリットにおいて展開しつつある、大いなる存在とみなす。わたしには聖なる世界のビジョンが見える。そこでは人間と自然とスピリットが一体となり、共同創造的に、協力的に、そして相互の利益のために働いている。わたしは自分の人生とエネルギーをこの世界の実現化に捧《ささ》げる。

わたしはみずからを、〝愛しきもの〟が世界に祝福を与えるための道具とする。

〈実在を呼び起こし、現実を沸騰させる〉

世界を祝福し、光明を与える行為に参加したこの状態から、わたしは心の目をいまいちど自分自身に向ける。みずからの身体と、精神と、関係性のパターンと、エッセンスと、そして合一状態と緊密につながっていく。これらすべての部分をハートに抱き、全体がひとつであることを感じる。自分という存在に対して、その人格からワンネス〈万物との一体感〉まで、粒子から波にいたる全領域において感謝し、その感謝とともに実在を呼び起こす。わたしの中の創造者がもつ力強さと遊び心とユーモアを、まるごと呼び起こす。

そして自分の内側にそれを感じる。さらに重要なのは、それを自分として感じることだ。わたしは実在そのものである。それ以外であり得ようか？　それは自分と別個のものではない。わたしが拡大し、人間存在のスペクトルのうち想像できるかぎり、または理解できるかぎりを表現しているときが実在なのだ。

実在として、わたしはいまの現実に意識を向け、祝福し、参加し、そこに宿る。現実は鍋に注いだ水のように、だんだん沸《わ》いてくる。すこしずつ揺れ、おののき、震えだす。わたしはどこかに停滞した場所や影になった場所、疲れた場所がないかと見ていき、そこへ余分にエネルギーを送る。自分の身体も家も、持ち物も住んでいる土地もみな、この揺れる光に満ち、熱いコンロの上で鍋の水の粒子が舞い踊るように、どんどん振動を速めていくのが見える。わたしは自分自身の世界がエネルギーを高め、沸騰していくさまを視覚化する。

これはあなたが自分の実在を呼び起こし、そこに宿り、そのダイナミックで遊び心のある創造的なエネルギーで人生を満たす段階である。前の章で、自分の形態・パターン・エッセンス・合一の現実に同調したエクササイズを思い返してみよう。それらを融合させたものがあなたの実在である。あなたの全体性が作用している状態だ。どんな感じがするだろう？　できるだけリアルに感じられるようにする。

〈新しい自分の種子にエネルギーを与える〉

いま、あなたはみずからの実在とつながり、生命のもつ高次の霊的なエネルギーとつながって強化された状態にあるので、そろそろ種子のイメージを前面に出すときである。イメージを作るためのさまざまな努力を思い出そう。あなたの内側で経験したその現実の感触を思いだそう。これからその感触にエネルギーを与え、拡大していく。イメージを祝福し、実体を与えるのである。

いくつかの方法がある。目的は、この種子のイメージを霊的なエネルギーで満たし、霊魂が物質へと移行する流れに乗せ、同時に自分のなかでその現実の感覚をさらに強化していくことである。

あなた自身の個を超えた愛と意志、そして奉仕の心とつながらせることもできる。

＊個を超えた愛をもちいる

実現化したいものを愛し、その延長で、実現化の結果として生まれるであろう新しい自分を愛することは、それを欲することとおなじではない。おそらくあなたは、すでに実現化の目標を欲しているはずだ。しかし愛することは、個を超えた意味においては、それが手に入ろうが入るまいが、励ましと善意と愛のエネルギーを注ぐことを意味する。目標のもつ高次の潜在性を認め、また肯定するために、それ自体をありのままで愛することを意味するのだ。

欲求というものの問題は、いったん成就してしまうと、欲していたものと自分を結びつけていたエネルギーや情熱がどこかへ行ってしまうことだ。手元には所有物が残るけれど、たぶん創造的なパートナー関係は存在しない。つまり、それはもう自分の創造性のエネルギーが流れる導管ではないのだ。多くの持ち物や色あせた状況がそうであるように、むしろそのエネルギーの邪魔になるかもしれない。

ここで思いつく隠喩は求愛と結婚である。ロマンチックな情熱が求愛に力を与える。しかしふたりが結婚してしまうと、しばしばそのエネルギーは薄れ、おたがいに慣れていくにつれ、情熱は関係性から吸いとられてしまう。もちろん、うまくいっている夫婦はロマンスの火を絶やさずにいるのかもしれないが、創造的な関係性を本当に支えるのは、うわべの刺激や欲求の充足よりもっと深い愛である。それが、盛り上がっている時期も、さめた時期も「良きにつけ悪しきにつけ」ふたりを持ちこたえさせる愛なのだ。長丁場《ながちょうば》に耐える愛、相互の学びと変容のさまざまな領域に深く踏み込んでいこうとする愛だ。それらの領域は、長期にわたり結婚生活や友情がうまく保たれている場合、かならずその重要な一部となっている。

ただ、あなたの実現化したいものの多くは長丁場を想定していない。新しいソファや今月分の家賃、あるいは新しい仕事でさえ、結婚という生涯の誓いを立てるのとは話が違う。それでも、あなたはいったん燃える欲求が満たされたらもう興味を失い、実現化したものを尊重し維持するための気づかいや、思いやりの行為を怠《おこた》るようになるのだろうか？　愛は、忘れっぽさ、怠慢、そして新しい感覚や新しい情熱や新しい征服への渇望を生むような「慣れ」に対する解毒剤になる。これはトースターとの関係にも伴侶との関係にも言えることだ。

もっと簡潔にいうと、あなたが実現化するものは、あなた自身の新しい側面または表現である。その新しい側面にはどのくらい注意深く、力強く、エネルギッシュで、全体的であってほしいだろう？　ただ物や状態を獲得しただけでは、あなたのパワーや注意深さは増えない。自分自身と自分の人生にうまく宿れるようにもならない。それは実現化した新しい自分をどれだけ愛せるか、その愛を通じて自分の高次の性質に「良きにつけ悪しきにつけ」どれだけ敏感で正直でいられるか、その度合いによるのである。だから、実現化した家と結婚するわけではないが、そこに住むようになる新しい自分とは結婚する。いやもっと正確にいうと、人生のすべての状況によって最終的には明かされるか、もしくはおおい隠される、〝深奥の自分〟または〝深奥の魂〟

と結婚するのだ。どちらになるかはそれらに対する注意深さと愛で決まる。

★エクササイズ：愛をもって新しい自分を歓迎する

沈黙のうちにすわり、実現化したい新しい自分の明確な感覚をいだきつつ、愛をもってそのイメージを受け入れよう。そして、無私の愛であなたを本当に感動させる人か状態を想像しよう。その愛はどのように感じられるか？　この愛の感覚で新しい自分を抱きしめよう。それをあなたの存在に、あなたのハートに引き入れ、この情愛をもって人生によろこんで迎え入れよう。そうしながらこの愛が拡大し、聖なるものの無条件の愛、すなわち万物の核心にある愛であなたと実現化したいものを結びつけるのを想像しよう。この感覚を居心地よいかぎり長く保ち、それからリラックスして、呼吸とともに世界中に向け、あなたの実現化に向け、また現在この瞬間のあなたの人生に向けて愛のエネルギーを送りだす。それができたらエクササイズは終了する。

愛は万物のなかで、もっとも魅力的かつ磁力的なパワーである。とりわけ無私の心から、相手に力を与えるような形で、かかわるすべての物と人の安寧のために作用している場合はそうだ。マルティン・ブーバーの言葉を借りると、それはすべてのものに、ふつうなら「それ」と見なしてしまうようなものにも「汝《なんじ》」を認識することである。そしてすべてのものに内面性、魂を認識し、その魂とひとつになろう、その内なる光に力を与えようとすることだ。愛とは実現化したいものに対し（また実現化していく新しい自分に対して）、そのものの（そしてあなたの）幸せと最高の善のために行動するという決意なのだ。

＊個を超えた意志をもちいる

それに加えて、自分のなかの個を超えた意志の力を呼び起こしてもいい。これはあなたが人生でなにかを起こすために行使する、通常の意志の力とはちょっと違う。個を超えた意志は威圧的な力によって表現されるものではない。むしろ、大好きなことをしているとき自然に生まれる、努力の不要な状態に似ている。なにかをしているというより、自分らしくしているという感じだ。

これはランニングにたとえることができる。最初は走ること自体が努力である。個人としての意志の力で苦痛や抵抗を乗り越え、あきらめずに走りつづけなくてはならないかもしれない。しかし、あなたの内側でべつのなにかがカチッとはまり、急に努力なしに走れるときがやってくる。走ることに一種の必然性が出てくる。あまりにも自然なので、それ以外の道はありえないように思える。

個を超えた意志は種子のイメージに力を与え、しっかりと存在させる。それは喜びと、ほかの道はありえないかのような自然さをもって作用する。個人の意志はよく緊張とプレッシャーの感覚をともなうが、個を超えた意志には優雅さがあり、その作用する世界とも、展開させようとしている目標とも統合されている。

あともうひとつ違いがある。個人の意志はふつう特定の出来事や必要性によって活性化する。しかし個を超えた意志は、あなたの人生全体の目的と実在が、実際の人生舞台に投影されたものである。それはあなたの全体性から生まれ、現在ある特定の目的を、人生全体の創造における目的に統合させるようにはたらく。

★エクササイズ：意志の光を投影する

沈黙のうちにすわり、あなたのハートの内側の、無条件の愛の場所にいる自分を想像しよう。黄金の光の池にあなたは浸《ひた》っている。この光の池からあなたの身体を貫くように光の筋が流れ出し、あなたの記憶へ、関係性のパターンへ、エッセンスへ、魂へ、そして合一の核心そのものへと流れこんでいく。では、この光の池から黄金の光が上昇し、あなたの頭を抜けて頭上二十センチほどのところまで伸び、そこで広がってもうひとつの池を作るのを想像しよう。その過程で光は銀色に変わり、ハートの愛の池とつながっている。

こんどは、実現化したい新しい自分があなたの前にいるのを想像する。あなたの頭上の銀色の光の池からまばゆい閃光がほとばしり、その存在を明るく照らし輝かせる。新しい自分は無数の星のようにまたたく銀色の光の点で満たされ、それらが合体して、意志を吹き込まれた存在として輝きはじめる。銀色の光線によって、この新しい自分はあなたのハートの愛と実在の全体性ともつながっている。あなたの意志と目的の光、創造の光のイメージをいだきながら、この存在に力とエネルギーを吹き込み、あなたの魂の意図と統合させよう。

深呼吸をして、ゆっくりと息を吸いながら、新しい自分が光線に沿ってあなたの頭上の光の池に引き寄せられ、それから頭を通ってハートに降りてきて、そこで溶け去り広がって、あなたという存在のすべての部分と一体になるのをイメージしよう。つぎにゆっくりと息を吐《は》きながら、それとともに、広がっていた新しい自分がハートの黄金の池でふたたびひとつにまとまり、光線に沿って上昇すると、頭を通り抜けて頭上の銀色の池に入っていき、映写機からイメージが投影されるように、そこからあなたの世界へ投影される様子を見よう。このゆっくりとした呼吸と視覚化をあと二回、計三回おこなう。

三回めの投影の終わりに、あなたの人生を統合し、あなたの最高の善をかなえてくれる意志に感謝しよう。それからイメージを解放し、すこしの時間ただの静寂のうちにすごす。自分自身が完全に現実に根をおろし、人生と調和して日常の世界に戻っていくのを見よう。そして瞑想を終える。

＊奉仕と結びつける

実現化プロジェクトを世界への奉仕というもっと大きな意味と結びつけることは、あなたのしていることを自己の存在のさらに広く深い次元と統合させ、また周囲の世界の魂とでもいえる部分と統合させる強力な方法である。それによってその統合のパワーを引き寄せ、自分のめざしていることについて広い視野を得ることができる。

方法はとても簡単だ。実現化したいものによって、あなたがもっと世界に奉仕できるようになるのを想像し、あなた自身、つまり実現化していく新しい自分が実際に奉仕をおこなっているところを視覚化する。

ここでいう奉仕とは、飢えた者に食物を与えたり、病人を癒したり、現代生活にあふれている多くの大義や改革運動に参加するなどの、いわゆる善行ももちろん意味する。が、そのほかにも、力を与え、喜びをもたらし、愛を広めるような姿勢とエネルギーで自分の環境を満たすことも意味する。家のない者に宿を提供するのは奉仕かもしれないが、自分の家に、ともに暮らす者や訪れる者のために愛情といたわりの雰囲気を生み出すのも奉仕である。職場にみんなを力づける創造的な環境を作ることも奉仕かもしれない。また瞑想と黙想をおこなうことで、われわれの集合的な心的環境に渦巻いている混乱、怖れ、憎しみ、苦しみの騒音を癒そうとすることも、やはり奉仕である。ここでいう奉仕には、あらゆるものが一体であるレベルと意識的につながり、なんらかの場所や人や状況の特定のニーズと、人生の神聖な次元に住まう無条件の愛と癒しの源とのあいだに橋を架《か》ける、いかなる行為も含まれる。

あなたにとって奉仕がなにを意味するかは、あなた自身が決めることだ。人生とエネルギーとまわりの人々のニーズに関する認識にもとづいて、どんな奉仕をするかはあなた次第である。しかしそれでも、なんらかの形で奉仕をおこなうことは実現化のプロセスの重要な一部であり、実現化の儀式のこの部分では、それが焦点になっている。

★エクササイズ：奉仕をおこなう

実現化が成功したら、そのおかげであなたが人生でもっと奉仕できるようになることを想像しよう。できるだけ具体的に見ていく。そして浮かんだアイディアや考え、イメージなどを書きとめる。

つぎに新しい自分を想像する。自分がなんらかの形で奉仕をおこなっているところを見よう。この新しい自分が、あなたという存在のエッセンスと、その合一状態とのつながりから、力を与える愛に満ちたエネルギーを流れださせ、人生の特定の状況に流れこませる様子を視覚化する。この映像をできるだけ長く保持しよう。それから浮かんだアイディアや考えやイメージを書きとめる。

最後に、神聖な存在の前にいる自分を想像する。それはどこかの場所でも、人でも、状態でも、とにかくあなたにとって自然で神聖に感じるものであればいい。この存在の前で、これから世界に奉仕していくことを誓い、実現化プロジェクトと新しい自分の実在をこの目的に捧《ささ》げよう。捧げものをしているとき、自分の内側に出てくるイメージや感覚に気をつけていよう。その神聖な存在があなたを抱擁し祝福するのを感じながら、瞑想は終わる。終わったあとで、視覚化によって出てきたイメージや考えや気持ちを書きとめる。

実現化の種子のイメージを両手にもち、わたしは深く息を吸って、〝愛しきもの〟のハートから愛の霊的なエネルギーを自分の存在に引き入れ、それがわたしの実在とつながるようにする。そして種子に息を吹きかけ、その愛で満たす。そのときわたしは悟る。実現化の対象を受けとってても受けとらなくても、変わらず愛することができるのだと。所有は愛の条件ではない。わたしは実現化の対象を解放し、自分のところであろうとなかろうと、世界でふさわしい場所を見つけられるようにする。

わたしは深く息を吸って、意志の霊的なエネルギーを自分の存在に引き入れ、それがわたし自身の実在の個を超えた意志とつながるようにする。それから、わたしはこの意志を実現化の種子に吹きこむ。そうすることで力を与え、種子がみずからの方法で展開し、結果的にわたしの望む実現化になろうがなるまいが、世界とわたしと〝愛しきもの〟に対する関係性をそれぞれに充足していけるようにする。

さらにもういちど息を深く吸い、わたしは叡智の霊的なエネルギーを自分の存在に引き入れ、それがわたし自身の実在の叡智とつながるようにする。この叡智のスピリットを実現化の種子に吹き込む。そうしながら、自分が世界にどのように奉仕できるか教えてほしいと実現化の対象に頼む。それがわたしの奉仕を援助できるかどうかは関係ない。そして、どこでどのように実現化しても、きっと奉仕をおこなう存在であってほしいと頼む。

〈イメージを結晶化させる〉

いよいよ現実の温度をいわば冷まし、祝福されエネルギーを帯びた新しい自分の種子のイメージをたずさえて、あなた自身の現実に戻っていくときだ。

こんどはそのイメージを具体化するようなことをおこない、それを使って物質世界とかかわり始めたい。

ひとつの方法は、新しい自分について物語を作ることだ。物語はパワフルな道具である。ただ目標を思い描くだけでなく、それについての物語を自分に話してきかせる。物語のなかで、わたしは新しい自己として実現化が起きた世界に参加している。物語を通じ、新しい現実がどんなものになるかをさらに深く官能的に感じられる。つまり種子のイメージに肉付けし、もっと実体を与えていくのである。そうすることで、観察者としてただ眺《なが》める静止画像ではなく、参加者として感情的にかかわることのできる、ダイナミックな劇的でさえあるイメージが得られる。

★エクササイズ：物語を作る

実現化したものと自分が積極的にかかわるような物語を考えてみよう。たとえば、もし新しい家を実現化しようとしているなら、あなたが実際にそこに住み、飾りつけ、家具をそろえ、人々を招くところを見よう。ある人物との関係性なら、あなたがその人とかかわり合っている場面を見ていく。いろいろなことをいっしょに楽しみ、会話をし、いろいろな場所に行き、というふうに。物語にはその実現化がどのように起きたか、それが周囲の人々にはどう影響したかなど、あなたにとって本物らしく思える細部を含めよう。好きなだけドラマチックにしてかまわないが、あくまでも現実的なものにしておく。あなたの実在のパワーをもっともよく呼び起こすには、種子のイメージが人生にどのくらい自然になじむかが大事である。物語を通じて実現化をおこなう鍵は、ただ真に迫った物語を作るだけでなく、あくまでも自然で現実的なものにすることだ。

あなたの物語は、かならずしも実現化がどのように起きるかを予言するものとは思わないでもらいたい（そうなるかもしれないが）。これはたんに、より深い同調の感覚を得るための想像上のエクササイズである。冒険を面白がる精神で物語にのぞみ、なにが出てくるか見てみよう。もしかしたらちょうど夢解釈のように、実現化がその姿をあきらかにするのを助けるような、手がかりや洞察が見つかるかもしれない。

★エクササイズ：色と音

物語と似ているのが、芸術を利用してさらに深くじゅうぶんに実現化とかかわっていくことだ。芸術的才能の有無は関係ない。クレヨンか絵の具を使い、実現化プロジェクトと新しい自分の感覚を反映するような絵をカラーで描こう。そのあいだに出てくる感情に気をつけていること。あるいは実現化についての歌を作ってもいい。あるいは詩でも。だれにも見せる必要はない。どんな形でも芸術をもちいて、創造的エネルギーの感覚を刺激しよう。

＊護符

新しい自分をあらわす護符〔タリスマン。お守り〕を作ることもできる。手順はたいへん簡単だ。小石や水晶や貝殻のような小さな物（ジュエリーのたぐいでもいい）を手に持つ。自分の実在に同調し、霊的な力の流れがあなたに降りてくるのを視覚化する。そのエネルギーがあなたの中心に集まったら、それが両手から流れ出し、持っている物に流れ込むのを視覚化する。そうしたら種子のイメージに同調し、その感触を自己の内側で体感する。これはできるだけはっきり感じよう。新しい自分になるのである。その現実に宿ろう。この感覚も中心に集まり明確になったら、新しい自分のエッセンスをその物に吹きこむ。そして輪の中央のロウソクのかたわらに置き、あなたがワークを続けるあいだもスピリットと聖なるものの無条件の祝福を与えられるようにと頼んでおく。

ワークの終わりにきたら、いつものように輪を閉じるのではなく、あなたが神聖な空間から外に出て、その物だけがロウソクの炎とともに輪の中に残るようにする。そして二十分ほど部屋を離れる。（ただしロウソクがすべて安全に燃えており、目を離しても危険がないのを確認すること）それから戻ってきて、以下の説明のように輪を閉じ、護符にした物を回収する。

護符を身につけたり持って歩くことは、あなた自身と儀式でおこなった作業の接点、そして新しい自分のスピリットとの接点を提供してくれるひとつの方法である。記憶装置の意味合いがいちばん強く、それを見たりさわったりするたびに、実現化を成功に導くために作用しているさまざまな力と存在に感謝することを思い出させてくれる。

〈神聖な空間を閉じる〉

いわば種子のイメージを大地に戻したという感じがしたら、そろそろ輪を閉じるときである。ただし、新しい自分の現実と人生の感触は、心身にしっかりと保持しておこう。輪を閉じて神聖な空間を離れるが、儀式のプロセスそのものがすっかり終わったわけではない。

そこで体験し受けとったすべてのものに感謝して、輪を閉じよう。それから四本のロウソクを吹き消しながら、聖なるものの物理的表現のあらわれとして四方向に挨拶をしよう。そのスピリットが世界に流れ出て、聖なるものの祝福を大地の隅々まで運んでいくことを願おう。そして中央のロウソクを吹き消し、ここでも感謝を述べて、実現化プロジェクトを聖なるものに無条件に捧げよう。

〈新しい自分に宿る〉

こんどは種子のイメージの感触を保持しながらおこなえる、なんらかの行動をとりたい。その体験を物理的世界にしっかり固定するために、あたかも新しい自分になったようにふるまいたいのである。

たとえば皿を洗うなり、車庫の掃除をしてもいい。仕事に出かけて新しい自分のスピリットで働いてもいい。

わたし自身に役立ったのは、「実現化ウォーク」と名づけた散歩である。わたしは散歩が好きで、歩くことは種子のイメージのエネルギーを現実に根づかせる効果的な方法だと思う。テクニックはとても単純である。あなたはもう実現化したい新しい自分になっていると想像して、散歩に出かける。歩いているあいだ、その実在になりきろう。歩行の感覚や、筋肉の動き、身体のエネルギーを感じ、その感覚を実現化していくものの実在と結びつける。実現化が起きた結果として生まれる新しい世界に、物理的に入っていくのを想像してもいい。一歩ずつがあなたを実現化の中に運んでいくのをイメージしよう。

そのほかの日常的な活動で、新しい自分のエネルギーを体現することもできる。要は、その行動をとりながら新しい自分の実在に「なりきる」ことである。動いている自分の身体の感覚と物質性を引き出して、新しい自分の感触に実体と現実味を与えよう。

わが家には家族の祭壇がある。礼拝の場所というよりは、自分たちにとって霊的に重要な物を飾っておく場所になっている。なにかを実現化しようとしているとき、わたしはよく実現化プロジェクトを象徴するものを祭壇に置く。たとえば先ほど説明したような、実現化のワークで作った護符もそうだが、自分自身の実在あるいは実現化の対象を思い出させ、同調させてくれるものならなんでもかまわない。手工芸、絵などの作品も含まれる。

ただ、わたしにとって大切なのは、そのような祭壇に遊び心をもってのぞむことである。実現化の対象は崇拝するものではないが、その物理的な現実性を強化するために、さまざまな方法を試して遊んでみることはもちろんできるのだ。

《実現化のワーク》

参考のために、ここまで述べてきた実現化のワークの概要をまとめておく。

〈神聖な空間〉

なにかをおこない、あるいはなにかを使うことで、このワークの時間と空間を特別なものとし、日常の流れとは区切りをつける。わたしはロウソクと祈願をもちいる。

〈祈願〉

神聖な空間を活性化し、あなたにとって重要であるような神聖な諸力を招きいれ、あなたの最高の善のため、またプロジェクトの最高の善のために、この空間を祝福してもらう。

〈沈黙〉

静寂と内なる平穏から生じる創造性のパワーを呼び起こす。

〈いまの現実を受け入れる〉

あなたのいまの現実を認め、否定や拒絶をすることなく輪の一部として受け入れる。

〈偶然と奇跡に同調する〉

人生のどこにでも存在しうる小さな奇跡を通じてあらわれる、驚異と魔法の創造的で刺激的で鼓舞するようなエネルギーにふれる。

〈スピリットと聖なるものに同調する〉

自分にとって意味のある方法なり伝統なりに従い、聖なるものと、個を超えたスピリットの領域に同調する。

〈祝福をおこなう〉

スピリットとともに世界に祝福を送ることで、自分もその高次元の一部となる。

〈実在を呼び起こし、現実を沸騰させる〉

あなたの全体的な自己の、遊び心と創造性に満ちた実在を呼び起こし、そのエネルギーをいまの現実にフォーカスさせることで現実を活気づかせ、新しい可能性に同調させる。


〈新しい自分の種子にエネルギーを与える〉

あなたと世界の霊的な次元のパワーを引き出し、そのパワーを実現化の種子のイメージに集中させ、あなたの個を超えた愛と意志につながらせる。


〈イメージを結晶化させる〉

絵や物語、その他の方法をもちいて、種子のイメージの高められたエネルギーをふたたび人生に根づかせる。日常においてその現実感が強化されるような形にする。


〈神聖な空間を閉じる〉

儀式のエネルギーを実現化プロジェクトの中へ、そして外の世界へ解放する。感謝を捧げる。


〈新しい自己に宿る〉

散歩をしたり、なんらかの課題を実行するなど物理的な行動をとりながら、新しい自分の現実の感触を体験する。すでに新しい自分になっているかのようにふるまう。

第９章　新しい自分と世界のつながりを作る

実現化していく新しい現実のエネルギー場、すなわち新しい自分の〝身体〟ができ、そこにみずから宿ることができたら、つぎの段階は周囲のもっと広い現実とつながらせることだ。いってみれば、新しい自分を世界に紹介し、あなたが内側に宿っているあいだにも、実現化を支えてくれそうな人やものがあるかどうか、検討するのである。

〈支えになる環境を用意する〉

支えになるような環境を用意することで、実現化プロジェクトに必要なつながりができてくる。これは、いまある資源を整理し、難題に立ち向かい、あなたを助け、力づけてくれるような人々とつながることで可能になる。

どんなプロジェクトを開始するときも、利用できる資源を把握しておくことは欠かせないステップである。実現化においては現在の物理的・経済的状況も資源に数えられる。もしほしいものを手に入れるために、単純にそれを購入するとか、通常の取引の手段を利用しようと思えばできるだろうか？　たとえできるとしても、だからといって実現化を試みてはいけないわけではないが、経済的資源に頼れない人とは出発点の環境があきらかに異なるということだ。

ただし、実現化に関しては、経済面はあくまでも資源の一部にすぎない。おなじくらい重要なのは、創造性や信念などの内的資源である。また、家族や友人や仕事仲間といった人々とのつながりもたいへん役立つかもしれない。どれほど魔法のような実現化に見えたとしても、心の技術が結果をもたらすには、あなたの人生に入ってくるための道筋を見つけ、それを利用しなければならない。だから、たとえば新しい仕事を実現化しようとしているなら、働いてみたい分野の人々と知り合いになったり、友だちや同僚に意向を伝えておくことが情報や人脈を実現化する手段になるかもしれない。また友人は洞察、激励、知恵、サポートの源泉にもなりうる。あなたの取り組みに対する彼らの信頼が、あなたを力づけ、エネルギーを与えてくれるのだ。

あなた自身の人生経験、これまでに得た知恵、持っている知識なども重要な資源になりうる。ただ、それに縛られるのはいやだと思うかもしれない。この心の技術はリスクを冒すことや、頭で考えると非論理的な行動をとることを勧める場合もあるからだ。それでも、自分に内在する叡智を実現化プロジェクトに応用すれば、とるべきステップをきっと形づくり、あるいは決定することができるだろう。

★エクササイズ：資源を調査する

紙を一枚用意して、中央に小さな円を描く。その円のなかにあなたの実現化したいものを書きこもう。つぎに、そのまわりにもっと大きな円を描き、それを円グラフのように区画に分ける。それぞれの区画に潜在的な資源の分野の名前をつける。たとえば財源、交友関係、人脈、過去の経験、精神的・感情的な状態、霊的実践、健康など、実現化したいものに関して重要だと思う、あるいは関連性をもつようなカテゴリーを作っていく。そうしたら、各分野にどのような資源、強み、エネルギーとパワーの源があるかをその区画に書き込んでいく。銀行預金から判断できる範囲を越えたレベルで、本当は自分がどんなに豊かだったか気づかされて、驚くかもしれない。

では、資源の概要がわかったところで、それぞれの資源があなたの人生になにをつけ加えてくれるかを書き込む。たとえば、「いまあるお金のおかげで、それなしでは支払えなかった勘定が払える」「わたしの財源は安心感を与えてくれる」というように。仕事が資源なら、あなたに達成感を与えてくれるのかもしれない。友だちならあなたを支え、仲間づきあいをしてくれる。才能は喜びを与え、技術は誇りと威厳を与えてくれる。資源からどんな恩恵が得られるにしても、とにかく感謝して書きとめよう。それらは力とインスピレーションの源であり、あなたの人生にすでに存在する祝福をあらわしている。

最後に、書き出した資源ひとつひとつについて、実現化プロジェクトの対象とどうつながるかを書いておく。貢献するとしたら、どんな形だろうか?


特定の実現化プロジェクトを追求するにあたって、そうした資源のいくつかを利用するかもしれないし、まったく使わないかもしれない。精神的に、あるいは想像力で実現化のテクニックに取り組む以外、自分の側ではあきらかな努力もせず、具体的にかかわりもしないうちに、共時性が起きてしまうかもしれない。あるいは共時性は(実現化も)たんに方向を示すだけ、手がかりを与えるか後押しをするだけで、あとは既存の能力や人脈や資源を利用して自力で進むことになるのかもしれない。実際、わたしの場合はだいたいそのような実現化になっている。自分では存在に気づかなかった、あるいは開き方がわからなかった機会の扉を開いてくれるのだ。あとはもう、その扉をくぐり、その機会が要求する形で才能を活用してみるかは自分次第である。

ここで重要なのは、実現化とは、その結果を自分以外のなんらかの力にすっかりゆだねてしまったり、魔術的なプロセスに頼ることではないという点だ。これは力を奪われるイメージである。実現化はつねに参加型の共同創造的な行為であって、そのプロセスにあてることのできる資源を無視も否定もできないし、そこにおのずから生じる責任は引き受けなければならない。

〈変化のパワーを引きだす〉

実現化はかならず、なんらかの変化を要求する。新しい車のために車庫のスペースを空ける、という程度の小さなことから、新しい職につくため新しい土地に引っ越す、というくらい大きなものまで。それはたんなる物理的な変化を意味するかもしれないし、新しい関係性を実現化する場合のように、心の姿勢や行動の変化を要求されるかもしれない。具体的な行為を通じて実現化のうちにみずから〝宿る〟ひとつの方法は、そうした変化のいくつかを前もって始めておくことだ。

あるとき、カウンセリングを受けにきた若い女性と話をしたら、なんともうらやましい悩みを打ち明けられた。あんまり幸せなので、自分はどこかおかしいのではないかというのだ！　とりわけ満足していたのは結婚生活だった。ご主人とのなれそめを聞いてみると、すばらしい実現化の話をしてくれた。彼女はある日、理想の伴侶がもっているであろう特徴と傾向をすべてリストアップしてみようと思ったそうだ。数あるなかでも、特に親切でユーモアがあってロマンチックで責任感の強い男性を望んでいた。また、子供を産むつもりだったので、よい父親になりそうな人がよかった。ハンサムかどうかは気にしないが、自分の身体と与える印象に誇りをもっていてほしかった。このリストから、彼女は結婚したい男性のイメージを作りあげた。それから毎日このイメージを心にいだいて何カ月もすごしたが、なにも起きなかった。彼女の作った人物像に合致する男性にはひとりも出会わなかった。

そして気づいたのは、彼女が理想の伴侶を探しているということは、彼のほうもおそらく探しているのではないか、ということだった。この男性ならどんな女性をパートナーに望むだろう？つまり、理想のパートナーとぴったりつりあうためには、自分はどんな女性であるべきだろう？

新しい自分の人物像がわかったところで、彼女はそのような人間になるべく変わりはじめた。たとえば、もっと体力をつけるために運動とスポーツのプログラムを開始した。ロマンチックな食卓をととのえる想像力をやしなうために、グルメ志向の料理教室に通いはじめた。煙草をやめた。恵まれない人々の問題に心を寄せる伴侶を望んでいたので、自分自身も確実に思いやりのある人間になるために、ホームレスのシェルターでボランティア活動まで始めた。

ひとつ大切な気づきがあったのは、もし彼女がそれらのことをたんに目的を達する手段としておこなったら、実現化はうまくいかないだろうということだった。伴侶を引き寄せるためだけでなく、自分自身のために変化しなければならないのだ。彼女はほんの数カ月だけあるライフスタイルを採用し、目的を達成したらやめてしまうのではなく、本当に新しい人間になりたかった。作ろうとしている新しい現実の正当性と純粋さを尊重することで、いまの現実をがらりと変えようとしていたのである。

この取り組みを始めて二カ月ほどで、彼女はイメージにぴったり合う男性と出会い、相手のほうも、結婚したい女性として心にいだいていたイメージに彼女が合致することを発見した。数週間のうちにふたりは夫婦となり、それからずっと幸せに暮らしている。

もしわたしが実現化について、たんにほしいものを手に入れるという獲得の行為と考え、自分以外の人々の必要とするものや欲求を度外視していたら、実現化に宿る方法として変化を利用するという考え方は意味をなさない。そのような視点で見るならば、わたしの姿勢はきっと「どうして自分が変わらなければならない？　わたしはいまの自分が好きなんだ！」というものだろう。しかし、この心の技術は共同創造的な視点で作用する。実現化の対象に要求するだけでなく、わたしの側にもそれなりの要求をしてくるのだ。

もちろん、なにを要求されるか、その結果どんな変化が生じるかは実現化するものによる。それがトースターなら、台所の棚に置き場所を作り、まあふつうの手入れと維持管理をしておけば、あとはたいした注文もないだろう。しかし、新しい伴侶や新しい雇用主ならもっとずっと多くを要求してくるはずだ。あなたは実現化プロジェクトを計画したときに、どのような変化を要求するか、あるいはなにがその助けになるかをすでに検討している。実現化の身体をいまの現実とつながらせ、前者が後者を変容させるような形にするということは、そうした変化をできるだけ前もって起こしておくことを意味する。

〈障害を取り除く〉

もうひとつ、支えになる環境を作るためにできる行動は、生活のなかで実現化を妨げたり、障害になりかねないような課題を検証し、真正面から立ち向かうことである。

★エクササイズ：困難な状況に直面する

紙にふたつのリストを作る。それぞれ「外面」「内面」と表題をつける。最初のリストには、日常生活のなかで、実現化したい特定の物、人、あるいは状態からあなたを遠ざけているように思えるものを書き出す。お金かもしれないし、人脈、機会、地理的条件、健康状態かもしれない。できるだけ具体的に書こう。あなたはお金がないために望むものが手に入らないのだろうか？　それなら「お金が二百五十ドル足りない」のように金額も書きとめる。新しい仕事を始めたい、あるいは学校に戻りたいが、幼い子供をかかえていて自由に動けないのだろうか？　それなら「子供が小さすぎて学校に戻れない」と書く。あなたと実現化のあいだに立ちはだかっているように思えるものを、すべてできるだけ具体的に書き出そう。

二番めの「内面」という表題のリストもおなじ要領で作っていく。こちらは実現化を邪魔しているかもしれない心の姿勢に関するものだ。やはり、できるだけ具体的に書く。あなたは友だちを実現化したいが、人間関係はどうも苦手なのでうまくいかないのだろうか？　それなら「わたしの内気さが、ひとと出会って友だちになるのを邪魔する」あるいは「自分の気性が他人とのあいだに壁を作る」というように書こう。

　怖れは人生においてあなたを制限する感情かもしれないが、特定の実現化プロジェクトを見ていく際には、なにが怖いのか正確に述べることだ。たとえば、実現化プロジェクトが失敗したときに起きうる最悪の事態を書いてみる。「わたしは怖い」と書くかわりに「今月の家賃の五百ドルを実現化できなくて、アパートにいられなくなるのが怖い」というように。具体的に書く理由は、実現化プロジェクト以外にも、特定の怖れやその他の否定的な姿勢に対処する、あるいは軽減する方法があるかもしれないからだ。人生における怖れ自体に対処することはできなくても、家主に事情をじっくり聞いてもらうとか、家賃を払うのに必要なお金を都合するために、生活のほかの分野で犠牲にできるものがないかを考えてみることで、追い立てをくらうことへの怖れには対処できるだろう。怖れなどの感情も、明確に表現し、具体的な情況や結果と関連づけることで扱いやすくなるのである。

　ふたつのリストが完成したら、それぞれの障害や課題のあとに、いまある資源を使ってなんとか対処するとしたら、とりうる行動について一行ずつ書こう。もし「外面」のリストでお金が問題になっているなら、それに関して自分の気持ちを軽くするためにできることをひとつ書く。毎週五ドルずつ、いや一ドルでもいいから貯金していくとか、あるいは一ドルか五ドルを有意義な活動に寄付するとか。もし居住環境が問題なら、そこをすこしでも美しく、あるいは明るく健全な環境にするための行動をひとつ述べよう。いま仕事がないのであれば、毎週だれかの役に立てるようなボランティア活動をひとつ挙げてみる。もしも「内面」のリストで心の姿勢の問題が明らかになっていたら、その点を変えるための行動を書く。たとえば自己評価の低さが壁になっている場合は「ボランティア活動を始める」「車庫の掃除を終わらせる」というようなことだ。わたしの経験では、自己評価の低さを改善するには、達成感を得られるようなことをするのがいちばんの特効薬になる。それも特に、だれかの助けになることがいい。

リストに挙げた行動をひとつひとつ実践していくように、自分を律しよう。大切なのは、課題への対応がどれだけ小さくささいなことでも、ポジティブな行動の種子になるということである。その種子は、あなたがまったくの無力ではなく、ちゃんと貢献し変化する力をもっているという重要なメッセージを運んでくれる。特に他者の安寧を増進するような行動が含まれていれば、なおさらである。

実現化の技術を信じ、使っていくことで、自分のまわりにある困難な状況や人生におけるそれを否認するようになってはならない。無視したり、そんなものは存在しないというふりをしても、人生における困難を変えることはできない。この心の技術には、自分のいまいる場所から、いまあるものを使って、そして逆説的だが、いま〝ない〟ものをも受け入れて出発することが含まれる。もしあなたの銀行預金が、あるいは就職の機会が、健康が、交友関係が、まったく皆無のように思えたら、それが現実なのである。それがあなたのパターンの一部であり、いまのあなたを形づくる要素の一部なのだ。偽りの前提、「にせの自分」を出発点として心の技術を使っていくことはできない。目の前の課題を否定しても、それはけっしてなくならないし、対処する助けにもならない。実現化はあなたのパターン全体に作用する。心の技術をうまく使っていくには、やはり自分自身の全体と向き合わねばならないのである。自分の一部や現実の一部を否定して、全体に影響をおよぼすことは望めない。

しかし、あなたのパターンには困難ばかりがあるわけではない。ちゃんと頼れる資源があるし、いま現在の物理的・感情的・社会的状況に制限されない内なるパワーを持っている。心の技術は時間と空間の範囲内で表現される霊的な資源と力に作用するが、それらの見かけに縛られることはない。共時性は非局在的な現象である。つまりふつうの直線的で論理的な因果関係は通用しないのだ。人生にはあなたの過去も、現在も、環境も、銀行預金も、仕事の状況も、人間関係も、まったく予期させてはくれず、阻止もできないようなことが実際に起き、パターンが展開し、奇跡が起きるのである。あなたは潜在的な創造性を充分に発揮できればたしかにパワフルだが、そのパワーは、良い部分も悪い部分も資源も課題も含めてありのままの現実を認め、また、ありうる現実の可能性とインスピレーションをも認めるところに根ざしている。

〈盟友のチームを募る〉

実現化を支える行動の感覚がつかめたら（たとえそれが直接的に実現化を起こさないにしても）、こんどは盟友のチームを作りはじめることができる。チームといっても自分のほかにもうひとりだけの小さいものから、地域社会まるごとの大きなものまでありうる。あなたに心を寄せ、ポジティブなエネルギーや洞察や援助をもたらしてくれる友だちは、あなたのめざすものに実体と力強い潜在性を与える意味で重要な役割をおびるかもしれない。実現化しようとしていることについて話を広めるだけでも、ときには実現化が入ってくる、まさにその扉を開くことになる。

ひとつできそうなことは、たとえば実現化パーティを催すことだ。出席者はみな、あなたの実現化にエネルギーを付与する気持ちでやってくる。あなたの実現化したいものの絵や写真を持ってきたり、あなたのワークに参加したり、ともに瞑想や祈りをおこなってくれたりする。新しいあなたをお祝いする物語を作ってもらってもいい。実現化がどのように起きるか、そこにうまく宿るにはどうしたらいいか、などについて考えや提案を述べてもらうこともできる。あるいは、たんに創造性あふれる存在としてのあなたを祝福し、あなたの価値を肯定し、力を与えてもらう。あなたはそのお返しに、実現化というもの自体の性質である、分かち合いと参加、共同実現と共同創造の精神で、出席者ひとりひとりになにか贈ってもいい。パーティはあなたの好みで思いきり簡素にしても、思いきり凝ってもかまわない。もしも一台のトースターを実現化しているだけなら、朝まで踊りあかすのは楽しいけれどやりすぎだ（わたしに言えた義理ではないが）。しかし、新しい仕事や新しい関係性を実現化しようとめざしているなら、にぎやかにサポートしてもらう実現化パーティはまさにおあつらえ向きかもしれない！

わたしはそのような集団的な催しの効力を証言できる。かつて参加していたあるグループでは、各自の実現化プロジェクトを全員で支え、ときどき激励会というものを開催していた。その会では、だれかひとりが実行したい計画について述べ、ほかのみんなが意味のあるサポートを提供するのである。それは付加的なアイディアだったり、ブレーンストーミング、建設的な批判、あるいは物的援助だったりする。ひとの考えを馬鹿にしたり、簡単に却下することは許されず、また参加者が、〝激励〟されている本人の考えより自分の考えのほうがいいと言って置き換えたり、その場の会話を自分の必要性や欲求の話にすり替えたりすることも許されなかった。

たとえばあるときは、本を作ろうとしているミレンコ・マタノビクという男性メンバーの話を聞くために集まった。彼の企画は有名な芸術家、音楽家、俳優、宗教指導者などに会って、彼らの仕事が霊的な意図や情況をどのように反映しているかについてインタビューをおこない、アンソロジーにまとめようというものだった。本の題名は『光の仕事《ライトワークス》』にしたいという。彼の課題はまだ本を作った経験がないことと、英語が母国語ではないことだった。また、インタビューをしたい人々にまず連絡をとり、プロジェクト参加への同意をとりつけなければならないという問題もあった。

彼が計画の概要を述べ、インタビューしたい人々のリストを示すあいだ、わたしたちは黙って耳を傾けた。聞いていて気づいたのは、彼がしきりに主張している事柄のなかで、もしわたしがそのプロジェクトを手がけるとしたら、違うやり方をするだろうと思う部分があり、インタビューの主題も違うものを選ぶだろうということだった。また、当時のミレンコの英語力はおぼつかない印象で、あまりにも課題が大きすぎる気もした。しかし、その状況におけるわたしの役目は彼の考えを批判したり、疑念を述べてエネルギーの流れを止めたり、自分ならこうすると言うことではなかった。わたしもほかのメンバーも、いわばプロジェクトの友として、それを力づける奉仕者としてそこにいたのだ。（それに仕事の会議では、疑念も批判も課題も遠慮なく口に出すことが許されていた！）

この激励会の決定的に重大な要素は、わたしたちがプロジェクトではなく本人を支えているという認識だった。そのおかげでミレンコに同調することも、彼に対するわたしの愛と敬意を支配的なエネルギーにすることも容易になり、その環境のなかで共同作業がおこなわれたのだった。プロジェクトに焦点を合わせると批判的で分析的なモードに簡単に陥っていただろうが、ミレンコに焦点を合わせることは、彼という人間になにが起きているか敏感に感じとることを意味した。たとえば、わたしは彼の言葉を超えて意図自体に耳を傾け、彼が創造性を表現するために言いたいこと、言うべきことを明確にするのを手伝う必要があった。わたしたちは本そのものではなくミレンコを力づけているのであって、結果的に、彼がその本以外の形で目的を達する方法を見つける可能性もあった。

会は三時間におよび、終わるころにはミレンコが励まされて元気になっただけでなく、わたしたち全員がエネルギーに満ちあふれていた。また、インタビューを実現させる方法をみんなで考えだし、力になってくれそうな盟友を挙げ、考えを明確化して、その本の価値をだれもが認識できるようになっていた。実際、その後ミレンコは望んでいたインタビューをすべてやりとげ、たいへん良質な本を出版したばかりか、その本の流れでもう一冊書くことになった。彼自身の仕事と教えにもとづいた『曲がりくねった川と四角いトマト』という本である。

あなたの場合、プロセスを共有するのはグループではなく、相棒のような存在がひとりいればいいと思うかもしれない。自分とは違う視点の持ち主にいろいろと考えをぶつけることができ、自分のプロセスを反映する鏡となってくれる相手をもつことは、きわめて有益な場合がある。わたしはどんな実現化プロジェクトに着手するときも、ほとんどかならず妻か友人を巻き込むようにしている。もうひとりのエネルギーを加えることはたんなる付加ではなくシナジーを生む。つまり、結果はそれぞれの視野の合計を超えたものになる。まったく新しい相互サポートの力学が生まれるのである。

〈気づきの力〉

日々の雑事をこなしているあいだにも、自分の実現化を助けるような機会が生まれたり、手がかりがあらわれたりするかもしれない。ただ、それを敏感に察知できる態勢でいることが必要だ。これは、同調を保つために必要な気づきの力のほかに心がけたいものである。

わたしはあるとき、コンサルタントの仕事を実現化しようとしているのだが、なかなかうまくいかないという男性と話をした。彼はよその土地まで足を伸ばし、何人かの顧客候補に会ってこようと決心した。でも結局、彼のサービスを買おうとする人はだれもいなかったが、帰りの飛行機で、たまたま隣の席の男性と会話が始まった。するとこの男性はビジネスマンで、まさに彼の提供するような専門的助言を必要としていることがわかった。この会話をきっかけに、望んでいたコンサルタントの仕事は実現化し、それが好評だったのでほかの仕事や顧客にも結びつき、やがて彼のコンサルタント業はおおいに繁盛することになった。機内での出会いはあらかじめ計画できることではなかったが、彼は段階を踏んでアイディアと営業計画を練り、自分になにが提供できるかを明確に知ったうえで、地方をまわり顧客候補と面会していた。けっして仕事が棚ぼた式に降ってくるのを家で待っていたわけではない。行動を起こし、それゆえに実現化を支える情況を生み出していたのである。同時に、彼は思いがけない機会を受け入れられる態勢にあった。すなわち気づきの力を実践していた。

わたしの経験では、実現化するのは物や人や状態そのものではなく、むしろ願望を満たす機会だったという場合が多い。もしそうであれば、あなたはその機会を生かして前向きに本気で行動する覚悟でいなければならない。もしかすると、機会は注意していないと見逃すような直感として訪れ、しかも即座に行動に移すことを要求されるかもしれない。

直感や虫の知らせに注意を払うことが、望む実現化につながったり、あるいはすくなくとも一歩近づくことになったりするかもしれない。かつてゲーム設計者として働いていたわたしは、いまでも発売される革新的なデザインのゲームにはいつも通じていたい。つい最近も、カードを独特の方法でもちいる新しいゲームの話を聞きつけたので、ひとつ手に入れて旅行中に吟味してみようと思った。しかしシアトルのゲーム専門店はどこも在庫がなく、メーカーに直接電話してみたところ、二週間後でないと入手できないと言われてしまった。その翌日、シアトルで教えていたクラスを終えて車で帰る途中、ある趣味用品の店を訪れるべきだという強い直感がきた。市街を抜けて十二マイル以上も回り道することになるが、それでも直感に従おうと決めた。店に着いて入っていくと、ちょうど目の前の棚に探していたゲームがあった。その日の朝、入荷したらしい。あと二日遅かったら、わたしは旅に出てしまうところだった。

あなた自身の実現化プロジェクトを推し進める機会のほかに、気をつけていたいもう一種類の機会がある。それは、だれかべつの人にかかわって実現化をおこなう機会である。たいていの実現化はなんらかの形で人間を媒介として起きる。だれかが、べつのだれかのためになにかをするのである。実現化の身体に宿り、エネルギーを与えるひとつの方法は、ほかの人の実現化の源になるか、その実現化につながる出来事の連鎖の結合部になることだ。第5章でも指摘したように、人々に与え、寄付し、慈善をおこなうと、地域社会により深く参加し、もっと広い全体性の次元にむけて自分を開くことになる。このような与える行為は目的を達する手段ではない。それはつながりと共同創造の行為であり、それ自体で完結するものだ。それはあなたを個人的な関心事のはてしない重みからはるか高みに引き上げ、エネルギーの広大な景色と源泉に向けて開いてくれる。あなたの新しい自分が、拡大しゆく現実の価値ある一員として場所を占められるようにしてくれる。

第10章　失敗はあり得ない、けれど…

実現化プロジェクトが完了したことを知るのは、ほしいものを受けとったときである。それはあなたが指定した形でやってくるか、あるいは匹敵する形をとるだろう。期待していたのとは違う形態でも、種子のイメージの本質的意図は満たされている。問題は、そうなるまでどのくらい待つべきかということだ。

〈いつまで待つ？〉

簡単に答えると、必要なだけ長く待つしかない。実現化を達成させる共時性の出来事がどのように起きるか、それが起きるために必要な要素がすべて出そろうまでどんな過程をへるのか、あなたには知るすべがないからだ。わたしはプロセスを開始してほんの数分で実現化が起きたこともある。逆に何年もかかった場合もある。

実現化のプロセスの一部として、締め切りをもうけてもかまわない。実際に、決まった期間内に対象を手に入れる必要があるかもしれない。あなたの作るイメージと新しい自分のアイデンティティにその時間軸を組み込んでしまえばいい。そうすれば、締め切りは実現化が成功したかどうか（すくなくとも自分の望む形になったかを）判断する基準のひとつになる。

ただし、わたしは概して、締め切りをもうけずに取り組むほうを好む。できれば自分自身が実現化したものに宿っていくプロセスに、緊急性のエネルギーを介在させたくないのだ。本当に締め切りがある場合も、緊急性や不安感はわたしの注意力と集中力を散漫にさせかねない。それに、プロセスへ注いでいるエネルギーの安定性を乱してしまうかもしれない。

でも締め切りがないとしても、見切りをつけて出発点に立ち戻るべき時期というものはあるのだろうか？　それは人にもよるし、実現化したいものにもよる。それほど急がないのであれば、わたしならときどきプロセスを確認しつつ、とにかく待っておく。しかし、もしも状況が変わってプロジェクトを中止したくなったら、いつでもそうしてかまわない。そのような判断に関して、わたしはかなり直感に頼っている。プロジェクトを確認してみたとき、そこにほとんど生気が感じられず、自分でもあまり熱意をかきたてることができず、あるいはそれが身体の中心にいきいきと存在する感じがしなければ、エネルギーが消失してしまったか、なんらかの壁にぶつかった可能性が高い。やめる潮時である。

ほしかったものを受けとる前に実現化プロジェクトを終わらせる方法は、とても簡単だ。想像の世界に入って進行中のプロセスに自分の波長を合わせ、いつものように確認をおこなうとき、やはり新しい自分のイメージ、すなわち実現化の種子のイメージを視覚化するが、こんどはそれが分解し、ちりぢりになってかき消えるところを見るのである。そこから創造性のエネルギーを自分に引き戻し、伝えてくれた祝福に感謝し、それまでに受けとった、あるいはプロセスの一環として呼び起こした援助に感謝する。そしてあなたの愛着や、実現化の対象とのあいだに形成したつながりを手放し（特定の人やグループに焦点を合わせていた場合はとりわけ大切な点だ）、この実現化はこれで終了する、と宣言しよう。この手順に自分でなにか美辞麗句をつけ加えてもかまわない。要は、意識的・意図的にそれまで取り組んでいたイメージと基盤を消し去り、そのエネルギーを回収し、生まれていた執着をすべて解放すればいいのである。

いつまで実現化を進めていくべきかを判断するとき、なるべく短気をおこすのは避けよう。どんな生命体が成長するときも（あなたの実現化している新しい自分もひとつの生命体のようなものだ）、かならず急激でエネルギッシュな活動と成長の時期があり、逆に休止と統合の時期もある。創造の過程はしばしば散発的なリズムで進行し、勢いよく伸びたあと、つぎに伸びるときまで長い安定期をすごすことがある。そうした安定期、静かな時期を許容し、あまり急いであきらめないようにしたい。

しかし同時に、プロジェクトがなにも生み出さないように見え、そこになんのエネルギーも感じられないときは、いさぎよく見切りをつけることでもっと新しいものが出現する余地ができる。たどってきた経緯を評価し、そこから学ぶこともできる。ときには出発点に立ち戻ることが、あなたにできるなによりも創造的な行為なのだ。プロジェクトを手放すことを怖れてはならないが、待ちきれずにつぶすのもよくない。実践を通じて創造のリズムと脈動への敏感さを学べる者には、心の技術がきっと報いてくれるだろう。

〈失敗はあり得ない！〉

特定の実現化の行為が帰着する形はすくなくとも五種類ある。

まず第一の場合は、望んだものを首尾よく受けとれる。そのような実現化をわれわれは成功と呼ぶ。（望んだ以上のものを受けとることさえある。そのときは大成功だ！）

第二は、なにかが実現化し、望んだもののパターン、エネルギーあるいはエッセンスをもたらしてくれるが、望んだ形態ではないという場合だ。形態よりも深い各レベルに対する感受性がないと、やってきたものがじつは実現化の成功であることを認識できないかもしれない。失敗したと考え、実際は自分の希望よりもっといい形で願いがかなえられたのだとは、気づかないかもしれない。だからこそ、時間をかけて実現化の対象のパターンや質に同調しておくことが大切なのである。そうすれば、その質やパターンが本当に人生に入ってきたときに、たとえ想像していたような形態でなくても認識することができる。

第三の可能性は、想像していた形態は実現化したのに、どういうわけかそのエッセンスやパターンがそこにないという場合である。それでも、来たものをとりあえず受け入れようとする衝動がはたらくが、やはりパターン、質、エッセンスなどの深いレベルへの感受性が重要になる。実現化したものは良いものかもしれないが、けっして最良ではない。ピーター・キャディがフィンドホーンの初期によく言っていたように、「良きものは最良の敵」（まあまあ良いものに満足してしまうと、最良のものをめざす努力をしなくなってしまう、という警句）なのである。事実上、この第三の結果は不完全な実現化を意味している。出現したものは、いまだ形成中の、いま人生に再結晶しつつあるものの幻影にすぎないのかもしれない。

例をあげると、数年前、妻とわたしは新しい家が必要だと感じるようになった。それをふたりの実現化プロジェクトにし、どんな家がいいかをかなり明確に思い描いた。すると、ある友人が電話してきて、まさにわたしたちの望んでいるような家が売りに出たと知らせてくれた。うちの家族が住めるだけの広さがあり、二棟の離れがついていて、そこはすでに事務所として改装されていた。執筆活動のスペースと書庫を分けるというわたしの夢がこれでかなうのだ。その家は人家のまばらな比較的静かな場所にあり、一エーカーの土地つきで、さらにツリーハウスまであって子供たちを大喜びさせた。わたしたちが形態レベルで指定したものはすべて揃っているように思えた。がしかし、なぜか望んでいたような内なるエッセンスは存在しなかった。なにかが違うのだ。形態はあるのに、魂が入っていない。もしもエッセンスに対する感受性がなければ、そのまま受け入れたい誘惑にかられただろうが、わたしたちは断った。

じつは、その後ふたりでよく考えてみたところ、本当は新しい家は必要なかったのだという結論に達した。当時住んでいた家の可能性をまだ全部は探究しておらず、自分たちの必要性を満たすために、まだいろいろ創造的で楽しいことがそこでもできると気づいたのである。

どんなとき実現化にノーと言うべきかを知ることは、どんなときイエスと言うべきかを知ることとおなじくらい重要である。

第四の結果は、ある程度の期間をへてもなにも起きていないように思えるときだ。その場合、先に提案したように、そのプロジェクト全体を後回しにして、自分の注意力と創造性をべつの方向にふりむける決心をしてもいい。実現化のプロセスは終わっていないけれど、あとは自然に機が熟すまで放っておかねばならない。もう手を放して、自分はなにかべつのことに進んでいくのだ。

最後に、自分の見たかぎりまったくなにも実現化していない、というケースがある。じゅうぶん待ったし、きちんと同調をおこない、ビジョンをかかげ、できることはすべてしたのに、まだなにも起きない。なぜだろう？　そしてどうすればいいのだろう？

まず認識すべきなのはこれだ。《実現化に失敗はあり得ない。》それはただ、自分の期待とは違う形をとっているにすぎない。

言葉巧みな逃げ口上に聞こえるかもしれないが、しかし真実である。もちろん、どの程度の真実かは実現化をどう見るかによって異なる。もし特定の物の獲得だけが目的なら、失敗することはあり得るだろう。そのような考え方では、失敗がたんに違う衣をまとった成功であるような、深遠なレベルを見逃すことになる。

わたしはこのことを科学に置き換えると、いちばんよく理解できる。大学の研究者として働いていたころ、ときどき実験が予想どおりに運ばないことがあった。しかし、そのような失敗にはかならず情報が含まれていて、つぎは自分の予想どおりの実験をおこなう助けになったものだ。科学においては、否定的な結果は肯定的な結果とおなじくらい有益で（それほど望ましくはないとしても）ありうる。どちらも重要な情報を提供するからだ。情報で成り立っている宇宙において、それをおろそかに扱うべきではない！

実現化の行為はすべて、どのような結果であれ、学習を含んでいる。われわれは新しいパターンを学習する。自分自身についても学習する。世界についても学習する。われわれは心の技術に携わることで、なんらかの変化をさせられる。新しく大切な洞察が生まれ、前よりも実現化をおこないやすくなっているかもしれない。

なにかを学習したとわかっても、本当にほしかったのが新しい車や違う仕事だったら、あまり慰めにはならないこともある。それでも、自分は失敗したという観点を採用すると、その過程で得た貴重な教訓や情報を見落としてしまうかもしれない。今回は実現化できなかったという事実は受け入れて、なお心の技術を実践した経験から恩恵をこうむることはできるのだ。つぎはもっと簡単になるだろうし、もっとうまくやれるだろう。

〈けれど、もしものときは…〉

以下に実現化がなぜ思ったようにいかないのか、その理由と、ではどうしたらいいかという提案をいくつか挙げておく。

★わたし自身とあまりにも不調和なのか？

実現化するものとあなた自身、またはいまの現実とが、つながりを持たなすぎるのかもしれない。あなたという人間も自分で実現化したものであり、それはすぐまわりの世界と相互に関連し相互に定義しあうパターンを作っている。もし実現化したいものがあなたの性格、習慣、価値観、生き方などと調和せず適合しないなら、それはあなたにとって本物たりえない。あなたの人生やパターンやエッセンスから自然にエネルギーを引き出し、実現化の糧とすることができないのである。類は友を呼ぶが、たいていの場合、類といえないものは友を呼ばない。そこには相補性か類似性がなくてはならない。必要なのは、あなた自身と実現化したいものをもっと調和させることである。

不調和という問題は、実現化したいものについて、あるいは自分自身についての意味ある現実的な情報が欠如していることが原因かもしれない。その結果、実現化するもののエッセンスやアイデンティティとは不完全なつながりしかできないか、あるいはまったくつながれない。プロセスにかかわる両者の現実を尊重するような同調がなければ、実現化ではなく希望的観測をおこなっているにすぎない。

この問題に対処するには、一歩引いて再評価してみよう。調和するかどうか調べてみるのだ。これはあなたと目標の両方について、エッセンスとパターンのレベルを深く見ていくことを意味するかもしれない。実現化したいものの現実に関してもっと情報を得よう。またそれが集合的現実と、そしてあなた個人の状態と、どのような関係にあるかも検討する。そのうえで、やはりそれを望むなら、目標との適合性を高めるため自分の生活に変化を起こさねばならない。

不調和なのは、実現化しようとしているものの範囲に対してかもしれない。実現化の教えでは、「すべてが思いのまま、限界はない」というのがほとんど決まり文句のようになっている。しかし、わたしなら違う言い方をする。自分の創造的可能性をおとしめるべきではないが、あらゆる創造性は、特定のなにかを生み出すために境界と限界を通じて作用する、と表現するだろう。限界はたしかにあるのだ。限界がなければ定義も焦点もなくなってしまう。わたしはこの本を書くために、それとおなじくらい楽しいか、もっと楽しいかもしれないほかの活動を当面はしないでおくことを選択しなければならない。いくつものことを一度にやろうとしたら、創造性の焦点がぼやけてしまい、どれもうまくいかないかもしれない。わたしがなにかを選択する、つまりイエスと言うことは、べつのなにかにノーと言うことなのだ。

実際は、どんなときも「すべてが思いのまま」にはならない。自分の中にうまく統合して使えるものしか、本当は得られないのである。それ以外は余剰と無駄と潜在的な重荷となり、危険でさえある。

目標達成の可能性が低いのは、あまりにも多くのことをしようとしているか、一度にあまりにも多くのものになろうとしているせいで、そのために現在の能力、制限、才能、技能、生活の状況などと調和しないという場合は、できればもっと小さい構成要素に分けるといい。小さくしてひとつずつ取り組もう。具体的で、測定可能で、達成可能で、いまのあなたとも出発点とも適合する、そんな中間目標を選ぶのだ。もしあなたが政治の世界では無名の人間で、行政にたずさわった経験もないとしたら、いきなり合衆国大統領になろうとしてはならない。まずは教育委員に立候補しよう！　あるいは教育委員会のだれかのアシスタントになって、仕事のコツを覚えるともっといい。

調和の問題は、あなた個人の現実のみならず、集合的な現実ともかかわってくる。集合的現実には、属する社会があなたに期待する内容や世界観も、まわりの人々のいだくイメージや期待も含まれる。あなたの実現化したいものが、そのどちらか、あるいは両方と不調和なのかもしれない。

たとえば合衆国では最近まで、アフリカ系アメリカ人や女性は、大統領に選出される可能性のがっかりするほどの低さに直面しなければならなかった。そのような実現化に成功することは、ほとんどありそうにない状況だった。同様に、もしあなたが新しい仕事を始めたいと願い、特にそれが人々のあなたへの見方を変えさせるような仕事だった場合、友人や家族の期待はあなたの新しいアイデンティティや目的とは調和しないかもしれない。彼らは意識的あるいは無意識的に、あなたの望む変化に抵抗するだろう。それは、彼ら自身も変わらねばならないからだ。

だからといって、集合的現実を変えられないというわけではない。結局のところ、それこそ多くのパイオニア、探検家、発明家のしていることなのだ。コロンブスは地球が平らだという集合的・文化的現実に生きていたが、その文化的認識をみごとに変容させた。同様に、わたしの知り合いの男性は成功したビジネスマンから画家に転身し、ライフスタイルをがらりと変えてのけたが、その過程で家族や友人たちの怖れと期待に対処し、克服しなければならなかった。

集合的現実はかならずしも障害ではないが、実現化におけるひとつの要因ではある。その集合的現実があなたの実現化と対立していたとしても、絶対に成功できないわけではない。しかし、あなたはじゅうぶんなエネルギーと思慮深さをプロセスに組み入れて、不調和の度合いを減らさねばならない。あるいは実現化するものについて考え直す必要があるだろう。

集合的現実との不調和に対処するには、あなた自身がその現実にどのくらい執着しているかを調べなければならない。他人の考えや社会の期待から、どの程度の承認と、幸福感と、場合によってはアイデンティティを引き出しているか、検討しなければならない。あなたは他者の視点にどのくらい頼っているか？　あなたのまわりの集合的な想念とイメージの大海からじゅうぶんに自分を切り離し、その潮流にうまく乗りつつも新しい道を見つけることができるだろうか？自分に期待されているものとは違うなにかを、どのくらい自信をもって完全に実現化することができるだろうか？

ただ覚えていてほしいのは、集合的現実を否定したり、べつに問題ではないかのようにふるまうのは避けるべきだ、ということだ。それでは希望的観測につながりかねない。きちんと認め、適切に対処しつつ、なお自分のビジョンは守りたいのである。集合的現実があなたの実現化プロジェクトと衝突しても、その衝突を内面化してはならない。敵対者のようになっても、関心と情熱をそらすことで実現化のエネルギーを無駄にするだけで、まわりの集合的現実から潜在的に有益なメッセージや洞察を（ありうる落とし穴を指摘するという形であれ）受けとれなくしてしまうかもしれない。

★エネルギーの注ぎかたが足りなかったのか？

実現化はすべて、それが意味する内的・外的な再パターン化に活力と勢いを与えるような、なんらかの性質のエネルギーを必要とする。物理学の言葉でいうと、もし実現化をふたつのパターン（実現化前と実現化後）のあいだの不連続（量子的飛躍）と見なすならば、ある量のエネルギーがそのふたつのあいだを移動する必要がある。これは、物理的な作業という形態にかかわっているような物理的エネルギーかもしれないし、あるいは注意深さ、全般的な活力といったものかもしれない。もっと可能性の高いのは、感情的な性質のエネルギー（願望や熱意など）、精神的な性質のエネルギー（全体的なイメージの明確さ）、霊的な性質のエネルギー（解放、静穏、覚醒した明敏さの度合い、あるいは同調と調和の度合い）、もしくはそれらの組み合わせである。あなたが実現化に与えるために利用できるエネルギーは、その実現化が起きることを望む〝深遠な意志〟とも結びついているかもしれない。これについては、あとでまた論じることにする。

実現化に使えるエネルギーをもっとも枯渇させる原因は、あなたがじゅうぶんに現在に生きていないことかもしれない。自分自身を、いまこの瞬間の人生に取り組んでいる、いきいきとした創造性ゆたかな人間として見るのではなく、過去の姿に重ねているのかもしれない。あなたのエネルギーは過去に向かい、かつての傷、苦痛、問題、失敗、悲劇などのイメージを生かしつづけているのである。

これについては実現力強化プログラムでもふれた。そこでも述べたように、わたしの知るかぎり、この種のエネルギー喪失に対する最善の解決法は、過去の出来事すべてを愛をもって許すことである。許しといっても、あなたが傷ついてもかまわないとか、正義がおこなわれるべきでない、などという考えを認めることではない。むしろ苦しみのイメージを捨て、あるいは手放し、エネルギーが現在の自分に戻れるようにすることである。結局のところ、実現化は過去の行為ではなく、いま現在の行為なのだから。

ほかにも、実現化にじゅうぶんなエネルギーを与えていない理由があるかもしれない。実現力強化プログラムを確認してみよう。たんにあなたは疲れているか、健康を害しているのかもしれない。いったん休みをとってみよう。自分を充電し、リフレッシュしてからプロジェクトに復帰すればいい。プロジェクトをゲームか遊びのように扱おう。自分が楽しめてわくわくするようなスポーツや活動と、おなじ気持ちでのぞんでみよう。特に失望や落ち込み、自己憐憫《れんびん》、自己非難など、気力を弱めるような心の姿勢には注意すべきだ。自己評価はよいエネルギーレベルを維持するために重要であり、また食事、休息、運動、身体的な健全さと意欲を強化する活動など、ひとが元気に感じる助けとなるような日常の簡単な事柄も大切である。

★タイミングが悪いのか？

実現化は共同創造的な現象であることを思い出そう。いろいろな形でほかの人々もかかわっている。彼らの現実、彼らのタイミングが実現化の起きるスピードに影響を与えることがある。わたしがあなたにお金を送るべきだ（あなたはそれを実現化しようとしている）という強い直感をおぼえたとしても、株を売る、売買契約を履行するといった、なんらかのべつの行動がとられ、送るお金ができるまで待つ必要があるかもしれない。タイミングが問題なのであれば、すべきことは忍耐である。

★これが実現化したとき要求される変化を、わたしは本当に受け入れられるのか？

実現化はすべて、人生にある程度の変化が起きることを意味する。新しいパターンが展開するのである。あなたの一部はその変化を起こす気になれず、プロセスにエネルギーを与えていないのかもしれない。それが問題なのかを見きわめるには、追加で自己検証をしてみよう。まず自分のパターンとエッセンスにつながって、それぞれ目標のパターンとエッセンスに融合させる。そしてふたたび、実現化が起きたらなにが変わるかを見てみる。あなたは変わってしまうかもしれないものにしがみついて、そうさせたくないと思っているのだろうか？　その抵抗感にはたらきかけ、理解し、手放すことができるだろうか？　それとも、その警告に注意を払うべきなのか？

抵抗感はかならずしも悪いものや間違ったものではないことを思い出そう。もしかすると、あなた自身とあなたの状況について、目標の変更につながるようなことを教えているのかもしれない。なにが理由であれ、深い理解があれば、もういちど試みるなり、実現化の方向性と目標を変えるなりできるだろう。

★わたしの目標はじゅうぶんに明確で具体的か、それとも具体的すぎるのか？

もしかすると、あなたと実現化の目標とのあいだで、同調と調和が不完全なのかもしれない。つまり、本当はなにを実現化しようとしているのか、明確に把握していないのである。またはおそらく、根本的なものでなく表面的な必要性や欲求に対処しようとしている。たとえば、職場に通うための車を実現化したいが、本当にほしくて必要なのは、もっと家に近いべつの仕事につくことなのだ。あなたが満たそうとしている本当の必要性はなんだろう？　その必要性が、べつの形で満たされる方法はないか自問してみよう。あるいはだれかに手伝ってもらい、実現化の対象について、その対象とあなたとの関係についてじっくり考え、同調してみよう。自分では見過ごしているパターンやつながりを見つけてくれるかもしれない。

いっぽうで、もしかすると望むものに関してあまり具体的に特定しすぎ、それがやってくるための条件を狭めているのかもしれない。自分は一歩ひいて、たとえ結果の形態が指定とは違ったとしても、人生があなたのかかわりに作用するための余地を作る頃合いなのだ。実現化はあなたによる支配のきつさに共時性と自発的展開を妨げられ、苦しんでいるのかもしれない。

★やってくる機会や代替案に目を配っているか？

実現化プロジェクトの成功は、さまざまな機会を通じてやってくるかもしれない。ときには、実現化しようとしているものとはあきらかな関連性をもたない機会だが、関連のあるべつのつながりに導いてくれる場合もある。わたしはよくそんな体験をした。そもそもフィンドホーンに行ったこと自体、その実例である。新しい仕事のサイクルを実現化したいことは自分でもわかっていたが、よもやスコットランドで始まるだろうとは予期していなかった！　フィンドホーンへの旅はただの休暇で、自分の探しているものに至る途中の脇道にすぎないと思っていたのだ。

また、実現化の目標の形態に関して、代替案があなたに示されているのかもしれない。ここで問うべきは、そのような代替案や機会があらわれたとき、どのくらいそれを認識できる態勢にあるかということだ。わたしは明敏な意識と現在の瞬間にいることをずっと実践してきたので、そのような機会があらわれたり、代替案が生まれたりするとき、そこには特有の質感があることを学んだ。それは形而上学的な匂いのようなもので、「ほら気をつけて！　これは大事だぞ」と言っている。前にも述べたように、それぞれの実現化プロジェクトに独特な内的特徴がある。実現化していく現実にみずからしっくりと宿るためには、心のなかでその声に耳を傾けることが必要なのである。

明敏であれ！　周囲で起きていることを敏感に察知しよう。直感をもちい、身体の感覚、感情、知性を総動員して世界に同調しつづけよう。実現化の成就は目前なのに、まだそれに気づいていなかったことを悟るかもしれない。

★わたしは人生から何を手放し、あるいは人生に何を生み出そうとしているのか？

　実現化が妨げられているのは、あなたのエネルギーが自分自身に集中しすぎているか、必要なものにこだわりすぎていることが原因かもしれない。実現化は呼吸に似たプロセス、つまり呼気と吸気のリズムによって力を得ている。それは、あなたと周囲の世界とのエネルギー交換の質のうえに築かれていく。もし息を吸うばかりだと、つまり取るばかりで与えないと、もうそれ以上は取れないときがやってくる。エネルギーが止まってしまうのだ。

　皮肉だが、なにかが必要だという感覚にもとづいて実現化プロジェクトを開始するのに、要求がましい感情があると妨げになりかねない。たとえていえば、必要性という重力があまりにも強い引力なので（本当は怖れの引力だが）、実現化のエネルギーの推進力もそこから逃げられない。地球の重力をふり切って飛びたてない宇宙船のようなものである。

　おそらく、文字どおりの意味か象徴的にか、あなたがなにかを手放すまでは人生にほしいものを入れる余地がないのだろう。実現化は獲得の問題ではなく創造の問題であり、創造にはバランスが要求される。無制限に獲得しつづければ、獲得したもののエネルギーとそれらへの執着に押しつぶされないわけにはいかない。

　もし心当たりがあるなら（自分に正直になろう！）、どうすれば障害をとりのぞけるか考えてみることだ。自分にはもう必要ないのに執着していたものを、だれかにあげてしまおう。他者のために実現化をおこなう方法を探してみよう。地域社会にどんな奉仕ができるか検討しよう。なにか創造性を発揮できることをしてみよう。必要なものに焦点をあてるのはやめて、豊かさを生む者として、エネルギーの源としての自分を肯定しよう。そして、そのアイデンティティを表現し支えるような活動をおこなうのである。豊かさとは金銭ではかれるものではなく、あなたの世界に可能性、エネルギー、潜在性、励まし、創造性が増加することで評価される。これを覚えておいてほしい。他者のためにどんな扉を開いてあげられるか、自問しよう。どんな可能性を解き放つことができるか？　どのようにひとを力づけることができるか？　人生の状況における活力と受容性をどうやって増進できるか？

まわりの環境にみずから与える方法を探ることが、まさに障害を取り除き、エネルギーをまた流れ出させるための鍵かもしれない。それは実現化の水車を回す生命の流れのなかに、ふたたび立たせてくれる鍵である。

★わたしは高次の力によって、自分の欲望からむしろ守られているのだろうか？

あなたの実現化がうまくいかない最後の理由である。わたしはこれを守護と呼ぶ。この心の技術は、パターンやエッセンスや合一の領域に作用する意識と知性を前提としている。そのような意識レベルは、なんらかの霊的・心理学的実践を積み、それらへの感受性を磨いていないかぎり、日常的な人格指向、物質指向の意識では気づくことができないかもしれない。そうした包含的・全体的な意識領域はいろいろな名前で呼ばれている。魂、スピリット（霊）、ハイアーセルフ（高次の自己）、聖なる守護天使、あるいは内なる神とさえ。それらは個の領域から個を超えた領域へ、そして聖なるものの神秘にいたるスペクトルの全体を占めている。このスペクトルに沿って広く深く、時間と空間による通常の基準や発想に縛られない知覚と視点の範囲が存在する。

この意識の範囲からより包括的なビジョンと叡智が生まれ、あなたの認識していないものを認識する。つまりこの目標を達成しても、実際は長い目で見ると（あるいは短期的に見ても）あなたの最高の善にはならないことを。おそらくその実現化はあなたの人生に真に統合することができず、最終的にはあなたのパターンの全体性と展開を混乱させ、ゆがめてしまうのかもしれない。あるいは、スピリットの流れかエッセンスからのエネルギーをさえぎってしまうのかもしれない。あるいは、あなた自身にはなんの影響もないが、あなたとつながりをもつだれかに害をおよぼすか、衝撃を与え、共同創造のレベルに問題を起こすのかもしれない。どんな理由にせよ、そのためにプロセスが止められたり、減速させられたりするのである。

ただし、これは楽で気分のよい合理的解釈として提供するのではない。われわれはときに、なにかが起きた（あるいは起きなかった）のはそれが自分にとって最高の善だったのだ、と言って正当化することがある。もしその状況から学び、叡智を引き出すことができたのなら、本当にそうだったのかもしれない。あるいはすくなくとも、結果的に最高の善となるようにしていくことができる。たしかに、われわれは自分自身の無謀さから守られる場合がある。しかし、どんな状況も、どんな結果も、すべて自分の最高の善のためだというのは、判断力も識別力も失うことにひとしい。そのような薄っぺらな反応は力を奪うものだ。われわれには、使える能力のすべてで状況について考え、直感をはたらかせ、いったいそれが自分にとってなにを意味するのか、知ろうとする義務があるとわたしは思う。そこには警告が含まれているのかもしれない。自分の側に純粋な誤りか失敗があったのかもしれない。なにが起きても万事オーケーというのは、自分の叡智と能力を伸ばし、創造と共同創造の技術を磨くうえで重要な情報を見えなくしてしまう。

したがって、実現化がうまくいかないのは「最高の善」とも、高次の力による守護と介入ともまったく無関係かもしれないし、実際にそういう場合もある。このようなとき、霊的な取り組みを実践していることが重要になる。そうすれば、状況やプロセスをより深く見ていき、ほかのレベルの存在が本当に自分のために介入しているのか、見きわめられるようになる。

もしそうだと感じたら、感謝をあらわし、説明と洞察をもとめよう。祈りや瞑想をおこなうなり、タロットや易教などの直感的な手段をもちいるなり、あなたの霊的な歩みと調和するなんらかの方法で、できるだけ状況に同調しよう。そのとき、実現化プロジェクトは霊的成長と、人生の霊的次元への感受性を深めるための手段になる。それは通常の霊的実践の力を増大させてあなたの日常の意識を拡大し、スピリットと呼ぶ広大な意識の範囲へと導くだろう。そのとき、あなたは人生を構成するパターンとプロセスを自分自身でより深く明確にとらえるようになり、生命の核心にある聖なる神秘と愛への同調が進んでいくのを発見するだろう。

結果がどうあれ、どの実現化プロジェクトも自分自身についての情報を与え、あなたの意識を高め、それによって、あなたが人生そのものと形成するパターンとつながりを豊かにしてくれる。ときには、たとえ実現化の行為が望んだものや期待したものを生まなかったとしても、本当はすでに人生において形をとりつつある、より大きな現実へのステップになっていたりするのだ。結局のところ、あなたの今回の人生という創造物全体が大いなる実現化の行為であり、自分でおこなう小さな実現化は、展開するそれの花びらのようなものだ。

結果がどうあれ、忘れずにたどったプロセスに感謝し、知っているものも知らないものも含め、そこに参加したすべての存在に感謝しよう。人生に感謝し、聖なるものに感謝し、あなた自身の自己にも感謝しよう。

感謝の気持ちは共同創造のサイクルを完結させ、宇宙に向けてわれわれを開いてくれる。驚異と恩寵に向けて開き、受け入れさせてくれるのだ。それはわれわれを自由にし、エネルギーを与える。たとえ実現化がうまくいかなくても、学んだものに感謝することはできる。まだまだこれからも、実現化し、成長し、学習し、獲得し、創造し、共同創造する機会があるだろう。

第11章　心の技術を越えて

わたしは実現化の講座を教えはじめたころ、自分のいちばんの関心事からは脇道にそれた、なにか副業のようにとらえていた。もっとも関心を寄せていたのは、霊性の本質と霊的実践についてである(現在もそうだ)。講師として、著述家として、わたしは平凡な営みと聖なるものをいかに融合させるか、つまり日常生活における霊性のあり方をずっと考えてきた。そこで重要な問いかけは、日々のありふれた雑事をどうやって大いなる宇宙への、そしてみずからの最奥のスピリットへの扉にするかということだ。

同時にわたしは、森羅万象に対するわれわれの理解が今世紀さまざまな形で変化し、現在も変わりつづけていることを認識している。そうした変化は従来の霊的な教えと実践の本質を時代遅れにするものではないが、ただそれを表現する新しいイメージを見いだすべきだということは示唆している。量子力学やカオス理論、システム理論、生態学などがこの文化における隠喩と行動のおもな供給源になるとき、われわれは自分自身と周囲の事物を新しい見方でとらえる必要が出てくる。だからわたしはずっと、全体的で体系的で生態学的に健全な地球レベルの霊性とはいかなるものか、という問題も理解しようとつとめてきた。それはどのような形でいにしえの伝統を継承し、どのような点でそれとは異なり、新しい洞察と表現方法を必要とするだろうか?

日常における霊性とはどういうものか、そして生まれつつある全体的な地球レベルの霊性とはどういうものか。このふたつの問いかけがわたしの取り組みを導きつづけ、この先の人生も確実に導いていくことだろう。どちらも最終的な解答が出るたぐいの問いかけではなく、またそうなるべきでもない。答えの一部は探究の旅そのものに含まれているのだ。

しかし、数年前に地元の教会で実現化について講演をするよう頼まれ、その後ほかの場所でも講演をし、講座を開くようになって、わたしは実現化の研究のなかに、このふたつの探究を結びつける可能性があることに気づいた。結局のところ実現化は願望から生まれるもので、願望とはまさに文句なしに平凡な事象である。さらに、われわれの実現化のしかたは自分自身と世界をどう見ているかに左右される。ではもしもわたしが、システム思考と生態学と量子力学にもとづいた、新しく生まれつつある世界観のレンズを通して実現化を探究したら、どんなふうに見えるだろうと考えた。この問いかけから本書が生まれたのである。

わたしの意図には、われわれの必要性や欲求や願望を尊重することも含まれる。そのすべてが必ずしも同等の価値をもつわけでもないし、自分のためになるわけでも、全体性を表現するわけでもない。願望のなかには単純な利己心と欲求の満足から生じ、それらを存続させるようなものもある。かと思えば、周囲の世界に参加し、その世界に対して責任を持つという深い認識から生まれるものもある。どちらにせよ、毎日の生活でわれわれは願望をいだくことをやめない。願望は人間にとって自然な衝動なのだ。

わたしが見つけようとしたのは「願望の合気道」のようなものである。願望のエネルギーを使って、自己という存在の奥深く、世界という存在の全体的あるいは霊的な側面とつながっている部分にまで降りていく方法がほしかった。創造性のエネルギーを生み、同時にわたしが魂の領域に入っていくことを可能にするテクニックがほしかった。人生という大いなる創造の営みを全体性のあらわれにするような実践、創造の霊性と呼んだりもするが、それを編み出したかった。

なぜなら、われわれが実現化するとき、実際は自分の人生を作っているということがわたしにはずっとあきらかだったから。

願望を否定したり、欲求や必要性をおぼえるべきでないとほのめかすより、わたしはむしろ、願望が内省と祈願のきっかけとなるようなテクニックを選んできた。そうすれば、本当はほしいものを実現化する必要はなく、たんに買うなり作るなり通常の取引方法で得ることができる場合でも、このテクニックは使える。実現化は、どんな願望でも霊的な旅の出発点として利用する方法なのである。

もちろん、霊的実践は実現化よりはるかに大きな世界である。実現化をあなたの霊的生活の本質あるいはすべてにせよ、などと提案するつもりは毛頭ない。それでは非常に狭い実践になってしまうだろう。しかし、どんなささいな願望でも、つながりとパターンと整合性と、人生に流れる物質的・霊的なエネルギーの両方を探究していく機会にはなりうるのだ。

実現化を霊的な実践として日々おこなっていくと、そこから得られる展望は人生のほかの側面にも波及していく。おのずから、自分自身とまわりの世界を相互関連性と共同創造のパターンという観点で見るようになってくる。われわれ全員の住まう共同体の現実がもっと明らかになってくる。そしてあなたの創造のビジョンは拡大し、もっと生態系を意識し、もっと共感をこめたものになる。あなたの姿勢と行動は、より完成した広大な人間を反映する。

この心の技術をどう使うかはあなた次第である。作っているのはあなたの人生という創造物なのだから、その独自の状況にうまく作用するアプローチを見つける必要がある。わたしの意図は、その過程で助けになるような世界観と多少の指針を提供することだった。

〈実現化はフェンシングのように〉

わたしは大学時代にフェンシングを始めた。剣をもって対峙する闘いはわたしのなかの暴れん坊に訴えかけ、またこのスポーツに要求される精神的・身体的技術の融合にも惹かれた。

最初の二週間ほどは、ほとんど剣にさわることもなくストレッチングと手首の運動ばかりやらされた。自分の剣を持つようになってからも練習内容はほぼ毎回おなじで、ひたすら手首の適切な動かし方と、正しい姿勢と、前進、後退、の果てしない反復だった。

初めての試合はぎこちない有り様だった。頭の一部は相手を意識し、べつの一部は手首をいかに動かして攻撃をかわし、突き返し、逃げるか、足をどう運ぶか、腰をどのくらい落とすか、と忙しく考えていた。テクニックに細心の注意を払っていたのである。そのあと、脇にすわって先輩の学生たちとフェンシングチームのメンバーの試合を見学したが、彼らの身体と腕と手首と剣のなめらかで流れるような動きに驚嘆させられた。まるで、すべてがひとつの優美な動作に流れ込んでいくようだった。

実現化もそれと似ている。この前の三つの章で、わたしは実現化プロジェクトを構成するテクニックやエクササイズを説明してきた。それらはフェンシングでいうと手首の訓練のようなものだ。しかし優美な剣さばきとおなじように、この心の技術も本当は継ぎ目なく連続した同調の流れである。具体的な作業の感覚をつかむ目的以外では、実現化プロジェクトを細かい区分やステップや段階にわける必要はない。いったん感覚がつかめたら、あとは自分なりのやり方で、だいたいは最初から最後までひとつながりの優美な同調の流れとして、プロジェクトを進めていくようになるだろう。儀式や形式的なものも必要ないかもしれない。ただ、世界と同調し、実現化したいものと同調し、みずからの実在を呼び起こすことができればいいのである。

わたしの良き友で、実現化の生徒でもあるペギーという女性がこんな話をしてくれた。「わたし、不動産の実現化ではものすごく運がいいんです。その話をしたらきりがないくらい。しかも、そのたびに前よりもっと驚くような幸運が舞い込んでくるんです。ボストンでかかわっていたいくつかの団体で、なにかの場所が必要になると、もう事務所だろうが、保養所だろうが、教室だろうが、とにかく見つけるのはいつもわたしでした。自分のために探すときも、やっぱりおなじくらい運がよかったですね。何年か前も、夏のあいだ海辺ですごせる別荘があったら楽しそうだな、と思いついて。ボストンは本当に蒸し暑いし、北のほうの海岸線なら涼しくて、とっても景色がいいんです。夫にその話をしたのは冬でした。それからなんの手も打たないまま、五月も終わり近くになって、もういい場所を見つけるには遅すぎる時期でしたけど、やっとある日宣言したんです。これからみんなでグロスター〔ボストンの北にある〕に行って、目の前に海があるすてきな貸し別荘を見つけましょうって。それも安いのを。

そんな場所が見つかる確信は全然なかったのに、とにかくそう言いました。そこで夫と息子とその友だちと、もうひとりの友人とみんなで車に乗り込んで、そうしたらちょうどラジオでレッド・ソックスの試合を中継していて、負けそうだったものだから夫はすごく機嫌が悪くなって。わたしがもっと早く探さなかったことも怒っていたので、絶対そんな別荘は見つかりっこないと言い通しでした。

あてもなく海岸のあたりを走らせながら、ある不動産仲介人に電話していたんですけど、何度かけても外出中でした。しかたなく最後にもう一度だけと海岸沿いを見ていったとき、わたしはふと夫に右折してみて、と言いました。道がなくなるところまで入っていくと、ちょうど右手の坂の上にすばらしい別荘が、崖から大西洋を見おろすように建っていたんです。『いったいどんな人があんな家を借りられるのかしら？』と思わず声に出して言ってしまったくらい。

それでもう家に帰ることにして、グロスターの町はずれにさしかかったところで電話ボックスが見えました。車から飛びだして、もう一度あの不動産仲介人に電話してみたら、こんどは出たんです。『海辺の広い別荘を探していて』と言うと『いまちょうど電話があって、借り手がキャンセルした物件がありますよ』と言われました。どの家だったと思います？　そう、わたしがうっとり見とれていたあの別荘だったんですよ」

実現化はあなたの人生の自然な流れになり、ペギーのようにちょうどいい場所にちょうどいいタイミングで居合わせ、特定の実現化を起こせるように直感で導いてくれたりする。あなたは自分自身の実在にさらに深く宿り、それを実現するようになって、その結果、人生における共時性と祝福のパターンが増大するだろう。

逆説的だが、そうなると、実現化をおこなう必要がだんだんなくなってくることに気づくかもしれない。全体性を実感しながら生きることがそれ自体で深い充足感を与えてくれるし、特定の実現化プロジェクトを計画しなくても、自分の必要性や願望が自然に満たされる場合が多いことを悟るからだ。こんどは人生全体と、その世界との共同創造的な相互作用があなたの実現化プロジェクトになり、あなたはやがて、みずからの共同創造的な本質の全体性を真に表現するような、たがいに与えあい、受けとりあう流れのなかに自身を見いだすだろう。そのとき、この心の技術が本当に生きるのである。それはたんなるテクニックから拡大し、生命そのものの創造力との深い同調に変わる。

この同調を体験し、また、われわれすべての体験する現実の状態に寄与する者として、集合的な宇宙の共同創造者として、この自分を体験することが究極のわざになる。みずからの本質をまるごと尊重し表現するような現実、そして聖なるものとの共同創造的つながりにおいて、人生のすべてに力を与えはぐくむような現実を形づくることが、わたしに想像できる最高の使命である。

その使命こそ、実現化の核心だ。それが、この心の技術の本質なのだ。

付録　集団や組織でおこなう実現化

この心の技術は個人でも集団でも活用することができる。実際、フィンドホーンでの実現化は集団的プロセスとしておこなわれる場合が多かった。わたしは長年のあいだに、ほかにも多くの組織が定期的にうまく集合的実現化を実践しているのを見てきたし、ともに取り組んできた。

具体的なプロセスは個人の場合とおなじである。目標は、その集団が実現化したいものの種子のイメージを作り、また、実現化の結果として起きるかもしれない変化と変容のイメージを作ることだ。つまり、その集団にとって〝実現化後〟の自己はどんな姿をとるだろうか？　個人の場合とおなじように、集団の内部に肯定的な姿勢と、実現化プロジェクトに関する一貫性と全体性の感覚をやしなう必要がある。そして最後に、目的にふさわしいエネルギーを育て、維持しつつ、実現化した現実にしっくりと宿ることも必要だ。

これをおこなうにはいくつかの方法があり、どれをとるかは、おもに集団の規模と実現化の性質によって決まってくる。フィンドホーンもメンバーが十名以下だったころは、特定の目標のために全員が集まって実現化の瞑想をおこなっていた。実現化したいものの性質について話し合い、確実に全員がおなじイメージをいだくようにして、たとえば新しい温室なら、ひとりが小さい温室、もうひとりが大きい温室を実現化してしまわないように気をつけた。

　しかし、フィンドホーンも二百名を越える共同体に成長すると、そのような集会をもつことはむずかしくなった。共同体の全員が、かならずしも特定の実現化プロジェクトのために集まって話し合いや瞑想をおこなうわけにはいかなくなったのだ。しばしば実現化は、それが意図された特定の部門または個人によっておこなわれた。したがって菜園作りの担当者は菜園に必要なものを実現化し、芸術家たちはアトリエに必要なものを実現化した。所定の部門に属する少人数なら、イメージ作りや作業の調整も楽だった。それでも、どんな取り組みがなされているかをつねに共同体全体に知らせ、できるだけ多くのフィードバックと支持を得ようとする試みはなされていた。

　集団の規模が大きすぎて、全員が種子のイメージに直接寄与することができない場合は、むしろ支えとなる実現化パーティの精神で、実現化にかかわる主要な人々の盟友として機能することができる。組織内のある集団が特定の実現化の主導権をもち、使っていくイメージの性質をあきらかにし、責任をもってほかの人々に伝達するようにしてもいい。深奥の視覚化によってイメージを作りあげる過程で、彼らは組織全体から適切なフィードバックや洞察、提案などをもとめなければならない。いったんイメージが形成されたら、あとは組織が集合的盟友となり、実現化のために肯定的なエネルギーを保持することがおもな役割になる。

　集団や組織の内部に肯定的なエネルギーがあるのは、個人の内面に肯定的な姿勢があることにひとしい。それは組織内の信頼と意欲の度合いである。集団のあらゆるレベルで意志の疎通がうまくいき、自由な意見交換がなされていることが、肯定的エネルギーの指標になる。集団的な取り組みに対する高揚感と熱意もそうだ。もし会社組織なら、労働条件を改善する、従業員に創造的表現と昇進の機会を与える、経営者側と従業員側がおたがいに配慮と敬意をあらわす、業績にふさわしい褒賞を与える、などの方法で肯定的なエネルギーをつちかうことができる。また、継続的な社員教育と訓練のプログラム、子供のいる従業員のための託児所や育児休暇、そして共同体意識をはぐくむその他のプログラムを通じて職務経験に含まれる無形の質を高めていくことも、肯定的なエネルギーを生み、それが従業員にも会社にも力を与えるように作用する。わたしが個人的によく空想するのは、組織内の芸術家や詩人を活用して美術・祝祭・音楽・詩などを企業または組織の風土に取り入れ、創造的な集合意識を発展させるひとつの方法とすることである。

同様に、種子のイメージをおび、体現することも組織内のいろいろな人々によって多様な方法でおこなえる。じゅうぶんに小規模の集団であれば、全員が組織の「新しい自己」と、実現化しつつあるものの現実の感触に自分をなじませていくことができる。もっと大きな組織なら、物理的な方法をとる者と、心理的な方法をとる者と、場合によっては霊的な形でその現実に溶けこもうとする者がいてもいい。（たとえばフィンドホーンでは、共同体全体の安寧をはかり、共同体内の特定の必要性に対する答えの実現化を支えるために、いくつかの小規模のグループが定期的に会合をもち瞑想と祈りをおこなっている。）かかわる者ひとりひとりが、自分にとって居心地よく自然で、しかも力を引き出せるような形で、会社あるいは集団の新しいビジョンのうちに〝宿る〟特定の方法を見つけなければならない。

もうひとつのアプローチは、実現化プロジェクトの性質を組織全体に伝達し、集団的に達成したい目標を教え、組織にとって実現化が成功したときのイメージを描いてみせることである。そうすれば、ひとりひとりが自分自身の実現化プロジェクトとしてそのイメージに取り組むことができる。要するに、各自が組織の新しい姿を実現化していくのである。もし、ひとりひとりが自分はどうなっていくのか、つまり新しい組織のパターンにおける新しい自分の性質はどんなものかと自問すれば、そのイメージをさらに発展させていけるだろう。これによって、組織的な変化の結果として生じる個人的な変化をあらかじめ肯定的に思い描き、取り組んでいくことが可能になる。集合的実現化を妨げかねない各個人の抵抗感や怖れを取り除くか、すくなくともはっきりさせることができる。

組織内のひとりひとりに対し、あたかも組織的な実現化が自分個人の実現化であるかのように、深奥の視覚化と同調のステップをおこなうよう奨励することは、洞察と発想を生むすばらしい方法になりうる。そうすれば確実に、創造のプロセスがゆたかになるだろう。これは集団のすべてのレベルで、おたがいの意見を表明できるような手続きと手段があることを前提としている。

集団的状況で深奥の視覚化をもちいることは、組織そのものの性格について洞察を得るすばらしい方法にもなるだろう。形態、パターン、エッセンス、合一を探究していくなかで、その組織が存在し、機能している全体的な情況をよく吟味することができる。ふだんなら見過ごしてしまうような、相互関連性やパターンがあきらかになるかもしれない。そのような情報は、特定の実現化プロジェクトの必要性をはるかに越えた有益なものでありうる。組織がその構成員あるいは従業員とかかわりあい、また社会全体ひいては世界とかかわりあう過程で、内的・外的システム、手続き、プロセス、つながりなどを改善する方法を提示してくれるかもしれない。

ただし、ひとつ留意すべき点がある。この心の技術は現実を創造し、みずからの力を取り戻すための実践である。適切にもちいれば、自分自身の全体性と純粋さと創造性にもっとつながれるようにしてくれる。しつこく繰り返すようだが、たんなる獲得の手段ではない。これは自分自身と自分の世界に対する体系的・共同創造的視点を深め、個別性と集団的努力をともに強化するような、内なるパワーの源にふれるためのテクニックである。集団内でそのような視点を得ることは、その集団に属する人々の、自分とおたがいとその相互作用に対する見方にはっきりと影響をおよぼす。

この心の技術は階層的な組織に真っ向から対立するものではないが、支配と服従の情況下ではうまく作用しない。むしろ、人々が自分の洞察を表現し、みずからの同調にもとづき責任をもって誠実に行動できるような、ある程度の自由を奨励する。自動的な服従ではなく、共同創造をうながすのだ。

組織のなかで働くことは、それ自体が進行中の実現化プロジェクトといえる。なぜならどの構成員も従業員も、組織的アイデンティティをたえず創造し、実現化しているからである。ひとりひとりがその実現化した新しい自己に宿っているのだ。それが個人の自発性と貢献に力を与え、促進するような形であるほど、この心の技術は効果的に集団的情況へ応用できる。自分より上位の権威者に服従することも、特定のプロジェクトの範囲内ではまったく適切な取り組み方かもしれない。それはエネルギーと行動を効率的・集中的に導いていく方法だ。しかし、創造的洞察と熟練労働の供給源として、また共同創造者、共通の現実に住まう者、組織の共同創造者としての個人は、序列的な組織図に記された職能にとどまらない。問題は、組織がそのような拡大された可能性の入る余地を許すかどうか、たんなる職務内容の範囲を超えて、個人がより大きなものになり、より多くをおこなう可能性を認めるかどうかである。

属する人々のエネルギーを組織化し活用していくうえで、特定のプロジェクトになにが必要で適切かによって、序列的なモードも、非序列的あるいはネットワーク型ともいえるモードも、両方もちいることのできる組織が、この心の技術のパワーをもっとも効果的に引き出せる組織であろう。組織がその方針と活動を通じ、属する人々の安寧と幸福、創造性、肯定性を高めることができるなら、その組織もおのずから高められていくのである。

集団において心の技術をもちいるとき、シナジー／共同作用が鍵となる。シナジーをもつ集団は「力を与えあう経済（エンパワメント・エコノミー）」とわたしが呼ぶものを実現化する。そのような集団は、自分たちにとって第一の財産は属する個人と彼らの創造性および生産性であり、また集団の体系的状態、すなわち集合的存在の全体性と活力であることを認識している。力を与えあう経済においては、各個人ができるだけ多くの支えと全体性を得て機能できるように援

ざりにし、その過程で弱体化させていることさえある。力を与えあう経済は、かかわる者と事物のすべてに恩恵をもたらす。それは、創造的な心の技術としての実現化の反映なのである。

訳者あとがき

実現化、という言葉をはじめて見る方も多いでしょう。ニューエイジや精神世界の分野で（それと一部のお役所言葉として！）使われてはいますが、日本語としてちょっと変な表現かもしれません。ただの実現ではいけないのかと言われそうですが、ニュアンスがやはり違うのです。もとの英語はmanifestationで、本文にもあったように、いままで形のなかったもの、それこそエネルギーや想念のような目に見えなかったものが、はっきりと実体をもって物理的にあらわれることを表現しています。難しい言葉でいえば「顕現」、もとは神の意志を血肉をもって顕わす、という意味だったようです。「具現化」でもほぼおなじ意味になりますし、めざすものが自分の身体の状態や人生の展開であれば「体現」といってもいいでしょう。

自分の望む現実を創造する、というテーマはあちこちでさんざん語られています。成功哲学やなんとかの法則、というものもそう。結局わたしたちはみんな、幸せで、健康で、豊かで、楽しい人生を歩みたいのです。でもその方法はというと、たいていの人がほしいものに目に見えない綱でもつけて、さあこい、もっとこい、とたぐり寄せるイメージを抱いています。あるいは人生という舞台の一幕を開けるとあら不思議、手品のごとく望んでいた光景が眼前に広がり、ほしかったものが鎮座している。本書の著者シュパングラー氏のユニークなところは、実現化とはそんな一方的な獲得の行為ではなく、また神頼みのような受け身の行為でもないと主張している点です。自分はここにいて、ほしいものは遠くにあって、放っておいたら永遠に手元にこないから引き寄せるのではない。自分とそのほしいものがすでに出会っていて、おたがいをしっかり抱擁している、そんな新しい現実／状況をまるごと創造しようというのです。

しかもそれは自分だけの行為ではなく、ほしいものが人であろうが物であろうが無形の状態であろうが、みんなでいっしょに創る現実なんだよ、と彼は説きます。だからおたがいを大切にして、感謝しあおう。この「共同創造」のイメージがわたしにはとても新鮮でした。さらに、それが可能だとすればこの宇宙はけっして冷たい場所ではない。各自のことをちゃんと考えて大切に扱ってくれる、いたわりと愛をもって必要なものは与えてくれる、そんな優しい場所なのだと彼は言います。このくだりは訳しながら涙ぐんでしまうほど好きでした。

じつは、わたしも実際にエクササイズを試みました。むずかしいとされるお金を目標にして、目からウロコというくらい面白い発見がいろいろあったのですが、とても書ききれないのでほんの一部だけ。本書の手法としては、まず実現化したい目標の物理的な「形態」、その目標がまわりの物や人とどのように関わっているかという「パターン」、そして目標の本質的なエネルギーがどのようなものかという「エッセンス」を見ていき、それぞれを自分自身と融合させていきます。わたしの場合、それほど高額ではなかったせいか、そのお金の「形態」はふっくらとした赤い座布団の上に札束が鎮座している、なんだか可愛らしいイメージでした。

つぎに「エッセンス」を感じてみると、一般に金銭に関して思われているような冷たさや暗さはみじんもない、中立なエネルギーなのです。わたしはここにいます、どうぞ好きに使ってください、というじつに謙虚で静かなもので、誘惑的な感じはまったくありません。しかも融合してみると、各方面の不便や困難からわたしを守ってくれる雰囲気までそこはかとなく漂っていて、意外でした。

そして「パターン」を見てみると、お金はわたしの手元にただやってきて、使ったら消えてしまうのではなく、支払った先の店なり業者なりがまた未知のだれかに支払い、そこからまたどこかへ渡っていき、その過程でみんなが潤いつつ(支払うことで失うイメージよりも、受けとった側の喜びや感謝や安堵の印象が強い)新しいなにかが副産物のように生まれていくという、大いなる連鎖になっていました。お金は循環するものであって、けっしてなくならないのです。よく考えればあたりまえのことですが、これまで実感していなかった自分に気づきました。そのとき、わたしはたんに無機的な貨幣を品物の代価として渡すのではなく、その設計・製造・販売・流通にたずさわった、すべての人々への感謝のしるしとしてお金を使っていました。そうすることでお金は「生きる」し、めぐりめぐってまた戻ってくるのです。すべてが本当につながっている世界なのだと感じました。

プロジェクトに取り組んでみると自分自身についてもさまざまな洞察が得られ、そこから新たな決意や方向性が生まれ、今後の実現化に向けて土壌を肥やすことになります。ぜひ試してみてください。あまりにしちめんどくさい、と感じる部分はとりあえず省略してでも、その価値はあります。結果だけではなく過程に貴重な学びがあるでしょう。

ちなみにわたしの実現化は成功したか？　半年後の現時点でまずまず達成というところでしょうか。座布団に乗ってという形ではなく、新しいチャンスや行動の指針がやってきた結果でした。やや微妙な要素が残っているのを楽しみながら究明中です。読者のみなさんにも幸運あれ。

二〇〇五年九月　横浜にて

高橋裕子

〈実現化の実践〉

これらは実現化のある側面を扱った本で、だいたいは儀式、視覚化、意識の集中などによってエネルギーを高める特定の方法に焦点をあてている。

Beck, Renee, and Metrick, Sydney Barbara, *The Art of Ritual*, Berkeley: Celestial Arts, 1990.

Bloom, William, *Sacred Times: A New Approach to Festivals*, Scotland: Findhorn Press, 1990.

——, *Meditation in a Changing World*, Glastonbury, England: Gothic Image, 1993.

Cameron, Julia, *The Artist's Way: A Spiritual Path to Higher Creativity*, New York: Tarcher, 1992.（ジュリア・キャメロン『ずっとやりたかったことを、やりなさい』菅 靖彦訳、サンマーク出版、2001 年）

Campbell, Peter A., and McMahon, Edwin M., *Bio-Spirituality: Focusing as a Way to Grow*, Chicago: Loyola University Press, 1985.

Gawain, Shakti, *Creative Visualization*, New York: Bantam, 1982.（シャクティ・ガワイン『ポジティヴ・シンキング』大野純一、大塚正之訳、阿含宗出版社、1991 年）

Gendlin, Eugene, *Focusing*, New York: Bantam, 1981.（ユージン・T・ジェンドリン『フォーカシング指向心理療法〈上〉体験過程を促す聴き方』村瀬孝雄、日笠摩子、池見 陽、村里忠之訳、金剛出版、1998 年）（『同上〈下〉心理療法の統合のために』1999 年）

Glouberman, Dina, *Life Choices and Life Changes Through Imagework*, London (Boston) : Mandala Books (Unwin Paperbacks) , 1991.（ディナ・グローバーマン『イメージワーク入門——生き方を選択するテクニック』斎藤昌子訳、春秋社、2002 年）

Kabat-Zinn, Jon, *Full Catastrophe Living*, New York: Delacorte, 1990.（ジョン・カバットジン『生命力がよみがえる瞑想健康法』春木 豊訳、実務教育出版、1993 年）

Langer, Ellen, *Mindfulness*, New York: Addison-Wesley, 1989.（エレン・ランガー『心はマインド…——“やわらかく”生きるために』斎藤茂太訳、フォー・ユー、1989 年）

Markham, Ursula, *Visualisation*, Shaftesbury, England: Element Books, 1989.

Sher, Barbara, *Wishcraft: How to Get What You Really Want*, New York: Ballantine, 1979.

——, *I Could Do Anything, If I Only Knew What It Was*, New York: Delacorte, 1994.

Sher, Barbara, and Gottlieb, Annie, *Teamworks!*, New York: Warner Books, 1989.

Steindl-Rast, David, *Gratefulness: The Heart of Prayer*, New York: Paulist Press, 1984.

Zdenek, Marilee, *Inventing the Future: Advances in Imagery That Can Change Your Life*, New York: McGraw-Hill, 1987.

ようにたえず実現化しつづけているか、というところにある。つまり人生こそ、われわれのもっとも総合的で基礎的な実現化なのだ。いま書店には、人生を改善する、創造性を発揮する、自分を癒す、全体的な存在になる、ビジョンを得る、といったテーマのなんらかの側面を扱った本が大量に並んでいる。以下はそのなかでも良書である。おわかりのように、わたしはマーシャ・シネターの著書が特にお気に入りだ。どれも、もっと注意深く全体的な人生を歩んでいくための指針について雄弁に論じている。

Artress, Lauren, *Walking a Sacred Path*, New York: Riverhead Books, 1995.

Baldwin, Christina, *Life's Companion: Journal Writing as a Spiritual Quest*, New York: Bantam, 1990.

Bloom, William, *First Steps*, Scotland: Findhorn Press, 1993.

——, *Money, Heart, and Mind: Financial Well-being for People and Planet*, London: Viking, 1995.

Chopra, Deepak, *Unconditional Life*, New York: Bantam, 1991.

Csikszentmihalyi, Mihaly, *Flow: The Psychology of Optimal Experience*, New York: Harper & Row, 1990.（M・チクセントミハイ『フロー体験 喜びの現象学』今村浩昭訳、世界思想社、1996 年）

——, *The Evolving Self: A Psychology for the Third Millennium*, New York: HarperCollins, 1993.

Ferguson, Duncan S., ed., *New Age Spirituality*, Kentucky: Westminster/ John Knox Press, 1993.

Leonard, George, *Mastery*, New York: Dutton, 1991.（ジョージ・レナード『達人のサイエンス——真の自己成長のために』中田康憲訳、日本教文社、1994 年）

Luks, Allan, and Payne, Peggy, *The Healing Power of Doing Good*, New York: Fawcett Columbine, 1991.

Marks, Linda, *Living with Vision*, Indianapolis: Knowledge Systems, 1989.

Matthews, Caitlin, *Singing the Soul Back Home*, Rockport, MA: Element, 1995.

Pennington, M. Basil, *Centering Prayer*, New York: Doubleday, 1980.

Simon, Sidney B., and Simon, Suzanne, *Forgiveness*, New York: Warner Books, 1991.

Sinetar, Marsha, *Developing a 21st-Century Mind*, New York: Villard Books, 1991.

——, *Do What You Love, The Money Will Follow*, New York: Paulist Press, 1987.

——, *Elegant Choices, Healing Choices*, New York: Paulist Press, 1988.

——, *Ordinary People as Monks and Mystics*, New York: Paulist Press, 1986.

——, *To Build the Life You Want, Create the Work You Love*, New York: St. Martin's Press, 1995.（マーシャ・シネター『やりたい仕事で成功する７つの法則』ルディー和子訳、ＰＨＰソフトウェアグループ、2000 年）

Wakefield, Dan, *Expect a Miracle*, San Francisco: HarperCollins, 1995.

Hawken, Paul, *The Magic of Findhorn*, New York: Harper & Row, 1975.（ポール・ホーケン『フィンドホーンの魔法』山川紘矢、山川亜希子訳、日本教文社、1995 年）
Macy, Joanna, *Mutual Causality in Buddhism and General Systems Theory*, New York: SUNY Press, 1991.
Nadler, Gerald, and Hibino, Shozo, *Breakthrough Thinking*, Rocklin: Prima, 1990.（ジェラルド・ナドラー、日比野省三『ブレイクスルー思考――ニュー・パラダイムを創造する 7 原則』ダイヤモンド社、1991 年）
Peat, F. David, *Synchronicity: The Bridge Between Matter and Mind*, New York: Bantam, 1987.（F・デヴィッド・ピート『シンクロニシティ』管 啓次郎訳、朝日出版社、1989 年）
——, *The Philosopher's Stone: Chaos, Synchronicity, and the Hidden Order of the World*, New York: Bantam, 1991.（F・デーヴィッド・ピート『賢者の石――カオス、シンクロニシティ、自然の隠れた秩序』鈴木且成、伊東 香訳、日本教文社、1995 年）
Riddell, Carol, *The Findhorn Community*, Scotland: Findhorn Press, 1990.
Senge, Peter M., *The Fifth Discipline*, New York: Doubleday, 1990.（ピーター・M・センゲ『最強組織の法則――新時代のチームワークとは何か』守部信之訳、徳間書店、1995 年）
Shealy, C. Norman, and Myss, Caroline M., *The Creation of Health*, Walpole: Stillpoint Press, 1988.（C・ノーマン・シーリー、キャロライン・M・ミス『健康の創造―心と体をよい関係にするために』石原佳代子訳、中央アート出版、1995 年）
Spangler, David, *A Pilgrim in Aquarius: Spirituality and the New Age*, Scotland: Findhorn Press, 1996.
Wheatley, Margaret J., *Leadership and the New Science*, San Francisco: Berrett-Koehler, 1994.
Wolf, Fred Alan, *The Eagle's Quest*, New York: Touchstone/ Simon & Schuster, 1991.（フレッド・アラン・ウルフ『聖なる量子力学 9 つの旅』小沢元彦訳、徳間書店、1999 年）
Young, Louise B., *The Unfinished Universe*, New York: Simon & Schuster, 1986.（L・B・ヤング『未完の宇宙――形態の進化と発展』相川隆行訳、地人書館、1991 年）
Zohar, Danah, *The Quantum Self: Human Nature and Consciousness Defined by the New Physics*, New York: William Morrow, 1990.（ダナー・ゾーハー『クォンタム・セルフ――意識の量子物理学』中島 健訳、青土社、1991 年）
Zohar, Danah, and Marshall, Ian, *The Quantum Society*, London: Bloomsbury, 1993.

〈実現化の基礎〉
特定のなにかを実現化する技術の土台は、われわれが自分の人生をどの

参考文献

実現化という心の技術に関して、わたしが教えているような形で直接アプローチしている本はまだ一冊も見つかっていない（だからこそ自分で書いたわけだ！）。しかし、補足的に役立つ本はたくさんある。以下のリストは、本当はこの二倍か三倍の長さにすることもできたが、まずは出発点として良さそうなあたりに絞ってみた。あなたの目的に合う本を見つけやすくするために、三つのカテゴリーに分類してある。

〔＊邦訳が出ているものについては併記した。〕

〈実現化をめぐる情況〉

これらの本は、新しい洞察とパラダイムの形成、パターン・システム・共同創造の概念、認知方法による現実の創造などについて書かれている。

Achterberg, Jeanne, *Imagery in Healing*, Boston: New Science Library (Shambhala), 1985.（ジーン・アクターバーグ『自己治癒力——イメージのサイエンス』井上哲彰訳、日本教文社、1991年）

Anderson, Walter Truett, *Reality Isn't What It Used to Be*, San Francisco: Harper & Row, 1991.

Bateson, Gregory, *Mind and Nature: A Necessary Unity*, New York: Bantam, 1980.（グレゴリー・ベイトソン『精神と自然——生きた世界の認識論』佐藤良明訳、新思索社、2001年）

——, *A Sacred Unity*, San Francisco: HarperCollins, 1991.

Bolles, Edmund, *A Second Way of Knowing*, Upper Saddle River, N.J.: Prentice Hall, 1991.

Briggs, John P., and Peat, F. David, *The Looking Glass Universe: The Emerging Science of Wholeness*, New York: Simon & Schuster, 1984.

Davies, Paul, *The Cosmic Blueprint: New Discoveries in Nature's Creative Ability to Order the Universe*, New York: Simon & Schuster, 1988.

——, *The Mind of God*, New York: Simon & Schuster, 1992.

Dossey, Larry, *Recovering the Soul*, New York: Bantam, 1989.（ラリー・ドッシー『魂の再発見——聖なる科学をめざして』上野圭一、井上哲彰訳、春秋社、1992年）

——, *Meaning & Medicine*, New York: Bantam, 1991.

——, *Healing Words*, San Francisco: HarperSanFrancisco, 1993.（ラリー・ドッシー『癒しのことば——よみがえる「祈り」の力』森内 薫訳、春秋社、1995年）

Elgin, Duane, *Awakening Earth*, New York: William Morrow, 1993.

Friedman, Norman, *Bridging Science and Spirit*, St. Louis: Living Lake Books, 1994.

◆著者紹介

デイビッド・シュパングラー

デイビッド・シュパングラー。著述家で霊性に関する教育者。一九六四年、十九歳の頃に非物理的領域とのコンタクトから得られた洞察について講演をおこなったのが、キャリアの出発点となった。その後の六年間は、サンフランシスコを基盤に全米各地でワークショップや講座を開催した。一九七〇年にスコットランドのフィンドホーン共同体を訪れ、三年にわたる滞在中、共同体の理事のひとりとして教育プログラムを設計した。一九七三年に多くの同僚とともに帰米し、霊的教育を目的とした非営利団体ロリアン協会を創設、現在にいたる。ロリアン協会では、二年間の修士課程を含む多様なオンライン講座で指導をおこなっている。興味のある方は左記ロリアン協会のウェブサイト参照のこと。

七〇年代初めに帰米してからも全国各地で講演活動を継続。その他にもウィスコンシン大学、シアトル大学、バスティエ大学、カリフォルニア統合学研究所など、さまざまな機関で講座を開設あるいは指導してきた。現在は「創造の霊性」と呼ぶ霊的な実践と視点を発展させ、指導する活動に取り組んでいる。こちらも詳細は左記ロリアン協会のウェブサイトを参照のこと。

著書に『水瓶座を旅する者』、『人はなぜ生まれたか』(山川紘矢、亜希子訳、日本教文社)、『神秘家としての親――親としての神秘家』『物語の樹』『実現化――愛せる人生を創造する』などがあり、『魂の弟子となる』が発刊予定。

ワシントン州シアトル在住。十歳から二十二歳まで四人の子供に恵まれ、幸せな結婚生活を送っている。親であることが自分にとって第一の霊的実践だと考えている。ホームページ= http://www.Lorian.org/

◆訳者紹介

高橋　裕子(たかはし・ひろこ)

横浜生まれ。国際基督教大学教養学部語学科卒。おもな訳書に『ビジョン・クエスト』『癒された死』『30日間で理想のパートナーを見つける法』『「思い」と「言葉」と「身体」は密接につながっている』『神託的生活３６６』(以上ヴォイス)、『天使の贈り物』(マホロバアート)、『凍える遊び』『甘い女』(以上創元推理文庫)、『プレアデス銀河の夜明け』(太陽出版)、『深く生きるための30のメッセージ』(朝日ソノラマ)などがある。翻訳家である一方、自己成長や癒しに関するセミナーの通訳としても活躍中。

まわりにいっぱい奇跡《きせき》が起《お》こる本《ほん》

二〇〇五年一〇月二五日　初版発行

著者……デイビッド・シュパングラー
訳者……高橋裕子《たかはしひろこ》〈検印省略〉

発行者……岸　重人
発行所……株式会社　日本教文社
東京都港区赤坂九―六―四四　〒一〇七―八六七四
電　話　〇三(三四〇一)九一一一(代表)　〇三(三四〇一)九一一四(編集)
ＦＡＸ　〇三(三四〇一)九一一八(編集)　〇三(三四〇一)九一三九(営業)
振　替　〇〇一四〇―四―五五五一九
http://www.kyobunsha.co.jp/
印刷・製本……株式会社　光明社

◆……乱丁本・落丁本はお取り替えいたします。
◆……定価はカバーに表示してあります。
ISBN4-531-08148-X　Printed in Japan